Ruth Laing

WOHNWELTEN MIT STOFF

ARNOTTS
ENJOY

Ruth Laing

WOHNWELTEN MIT STOFF

Kreative Nähideen für alle Wohnräume

Weltbild

Inhaltsverzeichnis

Vorwort

Durch den Einsatz von Stoffen lassen sich die einzelnen Wohnbereiche eines Hauses individuell gestalten. Farbenfrohe Stoffe fürs Kinderzimmer, frische Farben für die Küche, dezentes Designs fürs Wohnzimmer – alles ist möglich! Der Markt bietet eine Fülle von unterschiedlichen Materialien, mit denen Sie tolle Effekte erzielen können. Wenn Sie Ihrem Haus oder Ihrer Wohnung ein neues Gesicht verleihen wollen, eine komplette Renovierung jedoch zu aufwendig erscheint, bietet Ihnen dieses Buch viele leicht umsetzbare Ideen. Es konzentriert sich nicht nur auf den Bereich Nähen, sondern liefert zu manchen Themen auch einfache Anregungen zum Dekorieren und Basteln. Lassen Sie sich von den kreativen Vorschläge für die Wohnbereiche Kinderzimmer, Gästezimmer, Arbeitszimmer, Bad, Wohnzimmer und für den Garten inspirieren.

Dabei wünsche ich Ihnen viel Spaß!

Ihre

Ruth Laing

Einführung

Zum Arbeiten mit diesem Buch

Im vorliegenden Buch finden Sie eine Fülle von Modellen, die Sie nacharbeiten können. Hier will ich Ihnen kurz erklären, wie Sie mit diesem Buch arbeiten.

Materialauflistung

Zu jedem Modell gibt es eine Materialauflistung. Hier finden Sie alle Informationen bezüglich der benötigten Materialien und Arbeitsmittel. Bei manchen Modellen, wie zum Beispiel bei Sitzkissen von Stühlen, Kissen, Matratzenbezügen oder Ähnlichem, werden Sie keine Bemaßungen finden. Hier müssen Sie den Stoffzuschnitt individuell auf Ihre Gegebenheiten abstimmen. Die Auflistung ist sehr detailliert, in manchen Fällen können Sie auch improvisieren und gewisse Materialien, wie zum Beispiel spezielle Klebstoffe, durch „Ersatzmaterialien" ersetzen. Alle genauen Maßangaben für Stoffe enthalten bereits 1 cm Nahtzugabe. Das heißt, dass alle Stoffe mit einer Nahtbreite von 1 cm zusammengenäht werden.

Anleitungen

In den Anleitungen wird Schritt für Schritt erklärt, wie Sie vorgehen sollten. Es ist sinnvoll, alle Arbeitsschritte in der vorgeschlagenen Reihenfolge „abzuarbeiten", denn nur so können Fehler vermieden werden. Bei der Verarbeitung von Stoffen sollten in den meisten Fällen alle Kanten, die später sichtbar sind, mit einem Zickzackstich umstochen werden. Das verhindert ein Ausfransen der Stoffe. Lediglich beim Bekleben von Kartons oder Bilderrahmen kann auf das Versäubern der Stoffe verzichtet werden.

Das ABC des Selbermachens

Das ABC finden Sie am Ende des Buches. Hier ist eine Fülle von Begriffen erklärt, die Ihnen eventuell unklare Bezeichnungen oder Begriffe verdeutlichen.

Verarbeitungszeichnungen & Schnittmuster

Ebenfalls im Anhang finden Sie Verarbeitungszeichnungen, die bestimmte Arbeitsgänge verdeutlichen. In vielen Fällen (zum Beispiel bei der Herstellung von Bändern) können Sie zwischen verschiedenen Verarbeitungsvarianten entscheiden. Im Anleitungstext wird auf die jeweilige Zeichnung verwiesen.

Die Schnittmuster können abkopiert oder abgepaust werden. Anschließend schneiden Sie diese mit einer Schere aus und verwenden sie dann als Schnittmuster. Denken Sie hier beim Anzeichnen an 1 cm Nahtzugabe. Die Größe der Schnittmuster kann in vielen Fällen auch modifiziert werden. Beispielsweise würde die Bogenkante eines Rollos für ein sehr großes Fenster anders aussehen als die für ein kleineres Fenster. Setzen Sie hier individuellen Akzente!

Die Schnittmuster für Applikationen werden ebenfalls abkopiert oder abgepaust. Hier ist das Anschneiden von Nahtzugaben nicht erforderlich.

Nähen

Da es sich in diesem Buch hauptsächlich um genähte Projekte handelt, hier noch einige Tipps zur Verarbeitung von Stoffen und zum benötigten Handwerkszeug.

Näh-Grundausstattung

In den Materialauflistungen werden Sie immer wieder auf den Begriff „Näh-Grundausstattung" stoßen. Damit sind die folgenden Dinge gemeint:

- Nähmaschine
- Bügeleisen
- verschiedene Scheren
- Nähnadeln
- Stecknadeln
- farblich passendes Nähgarn
- Bleistift, Schneiderkreide oder spezielle Filzstifte für Stoffe
- Maßband, großes Geodreieck oder Lineal
- ggf. Papier (für Schnitte)
- Bügeltuch bzw. Trockentuch (z. B. zum Aufbügeln von Vlieseline)

Zum Nähen brauchen Sie natürlich eine Nähmaschine. In den meisten Fällen sind alle Maschinen mit einem Zickzackstich, einer Taste zum Rückwärtsnähen und einem Knopflochstich ausgestattet. Informieren Sie sich am besten im beiliegenden Handbuch über die Funktionsweise und Handhabung Ihrer Nähmaschine. Empfehlenswert ist eine Maschine, an der ein Führungslineal fixiert werden kann.

Zum Zuschneiden der einzelnen Stoffteile benötigen Sie eine große, scharfe Schere. Mit dieser Schere sollten Sie ausschließlich Stoffe zuschneiden. Papierzuschnitte sollten mit einer anderen Schere gemacht werden. Um Fäden abzuschneiden, Nahtzugaben zurückzuschneiden oder Rundungen einzuschneiden sollten Sie sich eine kleine, spitze Schere kaufen. Sie sollte an der Spitze sehr scharf sein.

Zum Abmessen längerer Strecken benötigen Sie ein Maßband. Es ist flexibel, das heißt es lassen sich damit auch Rundungen ausmessen. Auch ein großes Geodreieck oder Lineal ist für viele Arbeiten rund ums Nähen unverzichtbar. Das Anzeichnen von Nahtzugaben erfolgt mit dessen Hilfe genauso einfach wie das Anzeichnen von breiteren Stepplinien für Säume.

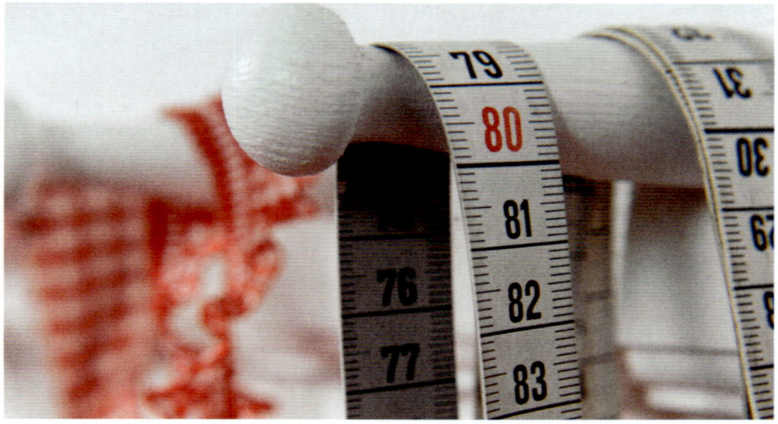

Mit Schneiderkreide können Sie auf der linken Stoffseite Linien anzeichnen, die spätestens bei der ersten Wäsche nicht mehr zu sehen sein werden. In Ausnahmefällen ist auch ein Anzeichnen auf der rechten Stoffseite erlaubt. Nach dem Nähen sollte die Linie vorsichtig ausgebürstet oder mit einem feuchten Tuch ausgerieben werden. In den Kurzwarenabteilungen der Stoffgeschäfte gibt es „Filzstifte“ mit denen man auf Stoff zeichnen kann. Die Linien verschwinden nach einer gewissen Zeit. In Einzelfällen kann auch ein Bleistift verwendet werden.

Zuschnitt

In den meisten Fällen werden einfache rechteckige, quadratische oder runde Schnittteile benötigt. Hier können die Linien mit einem Lineal, Geodreieck oder Maßband und Schneiderkreide auf die linke Stoffseite gezeichnet werden. Kleinere Schnittmuster stecken Sie mit Nadeln auf dem Stoff fest. Anschließend zeichnen Sie durch Anlegen des Geodreicks die Nahtzugaben an. In Ausnahmefällen können Linien auch mit einem hauchdünnen Bleistiftstrich angezeichnet werden.

Wenn Sie in den Materialangaben exakte Bemaßungen finden, so sind hier bereits alle Naht- und Saumzugaben enthalten.

Die Nahtzugabe beträgt immer 1 cm, die Breite der Säume ist individuell auf das Modell abgestimmt.

Denken Sie beim Zuschnitt aller Stoffe an den Fadenlauf. Alle Stoffe sollten in der Regel in eine Richtung verlaufen, es sei denn, bestimmte Modelle zeichnen sich durch einen unterschiedlichen Muster- oder Streifenverlauf aus.

Applikationen

Bei der Herstellung von Applikationen gehen Sie wie folgt vor: Zunächst auf die linke Stoffseite eines grob zugeschnittenen Stoffstücks Vliesofix aufbügeln. Vliesofix ist eine Klebeschicht, die auf ein Trägerpapier aufgetragen wurde. Auf die Papierseite legen Sie dann Ihr Schnittmuster, übertragen die Konturen mit Bleistift und schneiden dann die Applikation exakt aus. Ziehen Sie das Trägerpapier ab und bügeln Sie die Applikation auf den Hintergrundstoff. Nun kann diese mit einem kleinen und dicht eingestellten Zickzackstich übernäht werden.

Arbeitsschritte

Zwei Schnittteile zusammennähen

Um zwei Schnittteile zusammenzunähen, legt man die beiden Teile rechts auf rechts aufeinander und steppt sie im Abstand von 1 cm zur Schnittkante fest. Damit die beiden Teile nicht verrutschen, werden sie mit Stecknadeln seitlich aufeinander festgesteckt. Die Nadeln können beim Nähen problemlos „übernäht“ und nach dem Steppen wieder entfernt werden. Falls Sie in den Anleitungen keine anderen Angaben finden, sind für alle Nähte Nahtzugaben von 1 cm eingeplant.

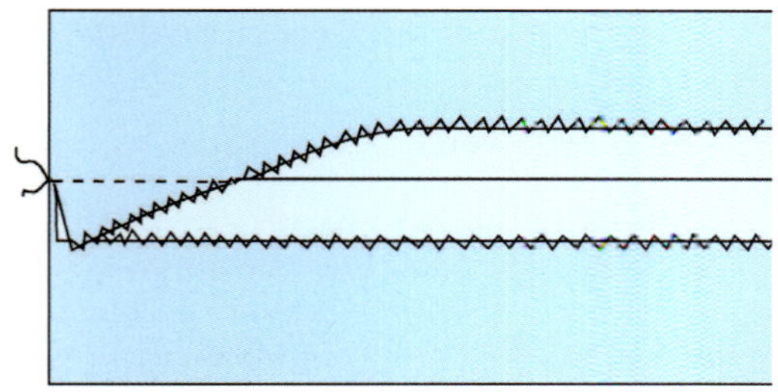

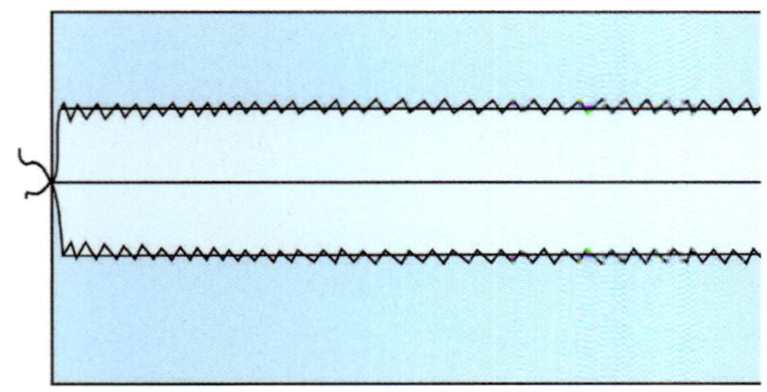

Nach dem Nähen müssen alle Nähte entweder auseinander- oder zusammen zu einer Seite gebügelt werden. In der Regel werden Stoffe auseinander gebügelt, Nähte die abgesteppt werden sollen, bügelt man zu einer Seite. Dieses gelingt besonders gut mit einem Dampfbügeleisen.

Rundungen und Ecken beschneiden

Verstürzt man zwei Teile miteinander, dann sollten alle Rundungen und Ecken beschnitten werden. Die Nahtzugaben sollten nach Möglichkeit stufig zurückgeschnitten werden. Dadurch werden die Nähte nach dem Wenden flacher und drücken sich nicht auf die rechte Stoffseite durch.

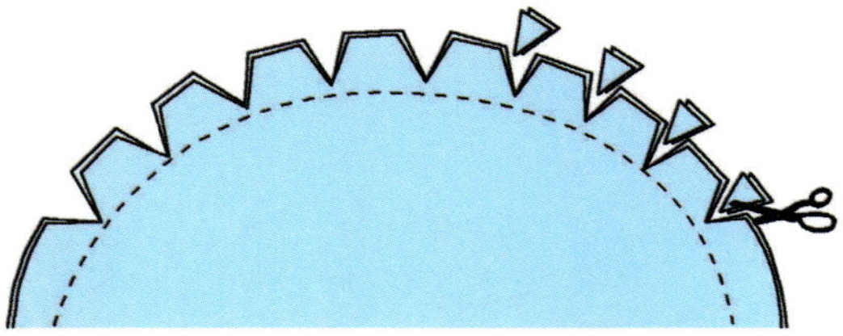

Rundungen müssen immer bis zur Nahtlinie eingeschnitten werden. Nur so legt sich der Stoff nach dem Wenden und Bügeln flach und wirft keine Falten auf die rechte Stoffseite. In manchen Fällen reicht ein einfaches Einschneiden der Nahtzugaben aus, bei sehr kleinen Rundungen ist das Ausschneiden von kleinen Dreiecken sinnvoll.

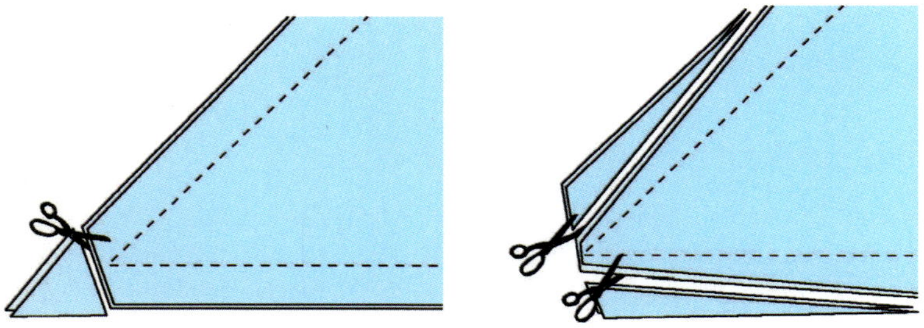

Auch Ecken sollten nach dem Nähen beschnitten werden. Hierzu die Stoffkanten schräg abschneiden und die Nahtzugabe im weiteren Verlauf ebenfalls schräg zurückschneiden. Verzichtet man auf das Zurückschneiden, befindet sich nach dem Wenden zu viel Stoff in den Ecken und die Kanten sehen dick und wulstig aus.

Wenden

Nach dem Wenden des Schnittteils müssen alle Ecken mit einer Schere herausgedrückt werden. Dazu mit der geschlossenen Schere in die Ecken gehen und die Naht herausdrücken, bis eine exakte Ecke geformt ist. Lässt sich keine schöne Ecke erzielen, das Teil nochmals nach links wenden und die Nahtzugaben weiter zurückschneiden.

Saum doppelt einschlagen

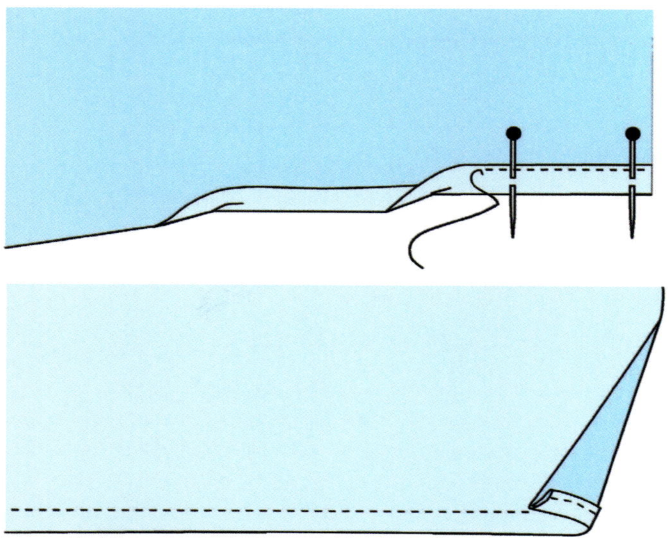

Die meisten Säume werden zweimal ca. 7 mm bis 1 cm breit eingeschlagen und anschließend festgesteppt. Eine sinnvolle Hilfestellung bietet hier das Vorbügeln. Dazu den Saum zunächst 7 mm nach links umbügeln, anschließend diesen Betrag nochmals nach links umbügeln und dann mit der Maschine feststeppen.

Einkräuseln

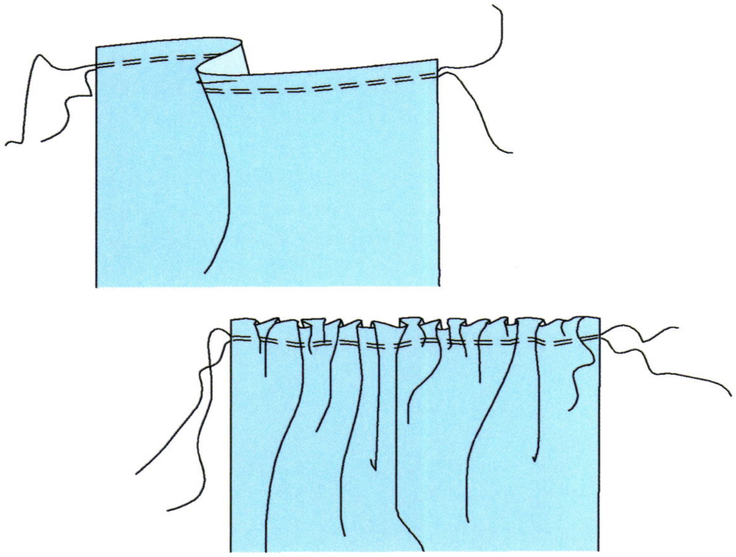

Stoffteile lassen sich mit der Hand oder auch mit der Maschine einkräuseln.

Beim Einkräuseln mit der Hand wird ein doppelt gelegter Faden an die einzukräuselnde Stoffkante genäht. Dazu den Faden am Anfang der Naht gut festnähen. Dann den Faden anziehen, bis die Strecke auf die gewünschte Länge eingekräuselt wurde. Das Ende gut vernähen und die Kräusel gleichmäßig verteilen.

Beim Einkräuseln mit der Maschine gehen Sie wie folgt vor: Zunächst die Oberfadenspannung an Ihrer Maschine lockern (Handbuch). Dann innerhalb der Nahtzugabe mit einem groß eingestellten Stich zwei parallele Nähte steppen. Nahtanfang und Nahtende werden nicht verriegelt. Dann nur an den Unterfäden ziehen, bis die gewünschte Länge erreicht wurde. Die Fäden miteinander verknoten und die Kräusel gleichmäßig verteilen.

Knopflöcher arbeiten

Im Handbuch Ihrer Nähmaschine ist ausführlich erklärt, wie man Knopflöcher näht. Sie sollten auf alle Fälle einige Knopflöcher zur Probe nähen und diese auf Ihre Knopfgröße abstimmen. Die Knopflöcher sehr sorgfältig mit einer kleinen Schere aufschneiden und den Knopf durch diese Öffnung schieben. Das Knopfloch sollte auf keinen Fall zu groß sein.

Reißverschlüsse einnähen

Reißverschlüsse lassen sich auf verschiedene Arten und Weisen einnähen. Dies habe ich Schritt für Schritt bei den Verarbeitungszeichnungen (siehe Seite 147/148) erklärt.

Litze und Tresse aufnähen

Bänder, Litzen oder Tresse kann man mit kleinen Stichen von Hand aufnähen, Sie können diese jedoch auch mit der Maschine aufsteppen. Hierzu die Bänder zunächst mit Nadeln locker feststecken und dann mittig mit der Maschine festnähen. Die Bänder nie zu stramm ziehen, das würde den Stoff kräuseln.

Muster & Farben

Bei der Auswahl der Stoffe sollten Sie sich zunächst die vorhandenen Stoffe, die Farbe der Wände oder der Möbel anschauen. Erst dann sollten Sie sich auf die Suche nach neuen Stoffen machen. Zum Stoffeinkauf nach Möglichkeit kleine Stoff- oder Farbproben mitnehmen. Was die Auswahl der neuen Stoffe anbelangt, sollten Sie ruhig mutig sein. Kombinieren Sie nicht nur unterschiedliche Farben, sondern auch unterschiedliche Muster miteinander. Schön ist es, wenn sich jedoch immer ein Grundton in den einzelnen Komponenten widerspiegelt. Überlegen Sie sich beispielsweise bei einem Schlafzimmer im Vorfeld schon, welche Bettwäsche Sie einsetzen werden. Stellen Sie sich die Frage, ob die bereits vorhandene Bettwäsche zum Stoff des neuen Rollos oder der neuen Gardine passt. Analysieren Sie also genau, welche Farben und Muster bereits in einem Raum vorhanden sind und auch weiterhin eine Rolle spielen werden, und bauen Sie auf dieser Basis auf.

Gegen Husten nimm Villosa
Villosa
HUSTELINCHEN

Wohnzimmer

Das Wohnzimmer ist häufig Mittelpunkt des Hauses und Treffpunkt der Familie. Hier lädt ein gemütliches Sofa mit vielen unterschiedlichen Kissen zum Verweilen und geselligen Beisammensein ein. Ein einfarbiges Sofa lässt sich zum Beispiel durch die Wahl unterschiedlicher Kissen stets verändern. Die folgenden Seiten zeigen zahlreiche Kissenvarianten, bezogene Hocker, Sitzkissen und vieles mehr. Spielen Sie bei der Gestaltung Ihres Wohnzimmers mit Farben oder Mustern und geben Sie ihm so immer wieder ein neues Gesicht.

Nordisch inspiriert

Sofakissen gibt es in unzähligen Formen und Ausführungen. Auf den folgenden Seiten werden einige Varianten in Rot und Weiß gezeigt und Schritt für Schritt erklärt. Die nordisch-klaren, frischen Farben der Kissen harmonieren hervorragend mit der rot gestrichenen Wand und dem weißen Bücherregal. Auch für ungeübte Näherinnen ist hier mit Sicherheit das eine oder andere Kissen dabei. Machen Sie es sich von Fall zu Fall einfach: Wenn Ihnen ein Modell zu kompliziert erscheint, wandeln Sie es einfach ab. Anstatt Bindebänder selbst zu nähen, können Sie beispielsweise fertige Bänder kaufen.

Material

- karierten Baumwollstoff:
  - 1-mal Kissenbezug
  - 4-mal Stoffstreifen für die Bindebänder: 4 cm x 50 cm
- Kissen-Inlett
- Näh-Grundausstattung

Bodenkissen

Dieses Bodenkissen hat einen Hotelverschluss, an den Bindebänder genäht werden. Hierzu wird lediglich ein Stoffstück zugeschnitten. Dieses ist ca. 30 cm länger als die doppelte Kissenlänge und ca. 2 cm breiter als das Kissen-Inlett.

Zunächst die beiden Schmalseiten zweimal ca. 1 cm nach links umbügeln und feststeppen (siehe „Saum doppelt einschlagen", Seite 10). Dann den Stoff entsprechend der Kissenlänge rechts auf rechts legen und an den Seiten aufeinander feststecken.

Nun das noch überstehende Stoffstück umschlagen und ebenfalls an den Seiten nähten auf den bereits zusammengesteckten Stofflagen feststecken (siehe Zeichnung 18).

Die Seitennähte steppen und den Bezug nach rechts wenden. Die Nahtzugaben auseinander bügeln. Auf diese Art und Weise entsteht an der Innenseite ein Einschlag, in welchen das Inlett geschoben wird.

Für die Bindebänder werden vier Bänder benötigt. Die Bänder dafür rechts auf rechts legen und an den langen Seiten aufeinander steppen (siehe Zeichnung 6). Die Bänder wenden, falten und ca. 10 cm von den Seitennähten entfernt mit der Maschine feststeppen.

Material

- geblümten Baumwollstoff:
  - je 1-mal Vorder- und Rückseite: 150 cm x 200 cm
- dickes, aufbügelbares Volumenvlies:
  - 1-mal Vorderseite: 152 cm x 202 cm
- Näh-Grundausstattung (Nähmaschine mit Führungslineal)

Tipp

Kuschelige Decken vermitteln ein Gefühl von Behaglichkeit und schonen bei Bedarf auch das Sofa, wenn eine Tobe-Runde der Kinder ansteht. An kühlen Abenden ersetzt die Decke auch mal die Heizung.

Decke

Auf die linke Stoffseite einer Deckenhälfte Volumenvlies aufbügeln. Das Vlies an allen Kanten überstehen lassen, damit es beim Verstürzen mitgefasst wird.

Dann Vorder- und Rückseite rechts auf rechts stecken und ringsum aufeinander nähen, dabei eine 30 cm bis 35 cm große Öffnung zum Wenden offen lassen. Die Nahtzugaben auf 5 mm zurückschneiden, die Ecken schräg abschneiden. Dann die Decke wenden und die Kanten bügeln. Die Ecken vorsichtig mit einer stumpfen Schere herausdrücken. Anschließend die Öffnung mit kleinen Handstichen oder der Maschine zunähen.

Danach die Kanten ringsum mithilfe des Führungslineals der Nähmaschine 3 cm breit absteppen. Alternativ die Stepplinien mit Schneiderkreide aufzeichnen. Zusätzlich dazu die Decke noch mehrmals diagonal absteppen, dabei die Stofflagen mit Nadeln fixieren! So wird verhindert, dass beide Stofflagen und das Volumenvlies verrutschen.

Streifenkissen mit Schleifen

Am oberen und unteren Vorderteil jeweils eine 52 cm breite Seite 4 cm breit umbügeln und ca. 3,5 cm breit absteppen. Dann die beiden Vorderteile übereinander legen, das kleinere Teil liegt oben. Dabei die Größe des Vorderteils auf die Größe des rückwärtigen Kissenteils exakt abstimmen. Dann die beiden vorderen Kissenhälften knappkantig an den Seiten aufeinander steppen.

Anschließend das vordere und hintere Kissenteil rechts auf rechts aufeinander legen und ringsum aufeinander nähen. Nun das Kissen wenden, die Ecken mit einer Schere vorsichtig herausdrücken und bügeln.

Für die Schleifenbänder vier Stoffstreifen von ca. 52 cm Länge und 10 cm Breite zuschneiden und zu Bindebändern nähen (siehe Zeichnung 2). Die fertigen Bänder mit der Nähmaschine an das obere und untere Kissenteil nähen. Der Abstand zu den Seitennähten beträgt 13 cm.

Material

- gestreiften Baumwollstoff:
  - 1-mal oberes Vorderteil: 23 cm x 52 cm
  - 1-mal unteres Vorderteil: 41 cm x 52 cm
- geblümten Baumwollstoff:
  - 1-mal Rückseite: 52 cm x 52 cm
  - 4-mal Stoffstreifen für die Bindebänder: 10 cm x 52 cm
- Kissen-Inlett, 50 cm x 50 cm
- Näh-Grundausstattung

Tipps

Bei der Stoffauswahl für Ihre neuen Kissen sollten Sie sich im Vorfeld Ihr Wohnzimmer genau anschauen. Ein Raum wirkt ruhig und harmonisch, wenn sich Farben an der Wand, an Gardinen oder am Teppich widerspiegeln. Verzichten Sie auf viele unterschiedliche Farbnuancen. Greifen Sie bei der Gestaltung der Sofakissen vorhandene Farben auf und „spielen" Sie mit unterschiedlichen Stoffen. Hier lassen sich auch Stoffreste bestens verwerten. Kombinieren Sie beispielsweise farblich aufeinander abgestimmte Karo-, Blumen- und Streifenstoffe mit einem passenden einfarbigen Stoff.

Viele Raumausstatter oder Gardinengeschäfte haben eine Vielzahl von Katalogen mit Stoffproben. Fast alle Stoffhersteller bieten Stoffserien an, die einfarbige und gemusterte Stoffe farblich aufeinander abgestimmt beinhalten. Sie sollten also beim Stoffeinkauf auch bei Innenausstattern oder Gardinengeschäften vorbeischauen.

Material

- gestreiften Baumwollstoff:
  - 4-mal Vorderseiten-Dreieck
- geblümten Baumwollstoff:
  - 1-mal Rückseite
  - 1-mal Stoffstreifen für die Blume: 6 cm x 60 cm
- quadratisches Kissen-Inlett
- Näh-Grundausstattung

Hinweis

Für dieses Kissen sollten Sie etwas Näherfahrung mitbringen. Hier ist exaktes Nähen gefragt, damit die Streifen später auch genau aneinander stoßen.

Streifenkissen mit Blume

Zunächst einen Papierschnitt für das Kissen anfertigen, welcher genauso groß ist wie das Kissen-Inlett. Auf diesem Schnittmuster mit einem Lineal zwei diagonale Linien von jeweils einer Ecke zur schräg gegenüberliegenden Ecke anzeichnen. Anschließend ein Dreieck ausschneiden, beschriften (links, rechts, Spitze), auf den Stoff legen und viermal mit ringsum 1 cm Nahtzugabe zuschneiden. Unbedingt auf den Verlauf der Streifen achten! Für die Rückseite ein Stück Blumenstoff zuschneiden, welches genauso groß ist wie das Inlett, zuzüglich 1 cm Nahtzugabe an allen Seiten.

Nun mit dem Nähen der Vorderseite beginnen. Dazu zwei Dreiecke rechts auf rechts aufeinander legen und die erste Naht steppen, dabei an der Spitze die Nahtzugabe (1 cm) offen lassen. Die Nahtzugaben auseinander bügeln. Das dritte Schnittteil an eines der bereits zusammengenähten Teile stecken. Mit dem Nähen ebenfalls an der Spitze beginnen und 1 cm der Naht offen lassen. Genauso beim vierten Teil vorgehen. Nach dem Zusammennähen aller vier Teile sollte in der Mitte nur ein sehr kleines Loch zu sehen sein.

Nun das vordere und hintere Kissenteil verstürzen. Dazu die Schnittteile rechts auf rechts aufeinander legen und ringsum aufeinander steppen, dabei eine 20 cm bis 25 cm große Öffnung zum Wenden offen lassen. Die Nahtzugaben an den Ecken vorsichtig schräg abschneiden. Das Kissen wenden, die Ecken mit einer Schere herausdrücken und die Kanten bügeln.

Jetzt die Blume nähen. Dazu ein Band herstellen (siehe Zeichnung 4) und dieses anschließend von Hand zum Ring zusammennähen. Das Band an der unteren Kante einkräuseln (siehe „Einkräuseln“, Seite 10) und mit einigen Handstichen zusammennähen. Die Blume auf die Vorderseite des Kissens nähen.

Das Kissen-Inlett in den Kissenbezug stecken. Die Öffnung von Hand zunähen oder knappkantig mit der Maschine übersteppen.

Material

- karierten Baumwollstoff:
  - 1-mal oberes Vorderteil: 24 cm x 62 cm
  - 1-mal unteres Vorderteil: 54 cm x 62 cm
  - 1-mal Rückseite: 62 cm x 62 cm
  - 3-mal Stoffstreifen für die Schlaufen: 4 cm x 10 cm
- Kissen-Inlett, 50 cm x 50 cm
- 3 alte Knöpfe
- Näh-Grundausstattung (Nähmaschine mit Führungslineal)

Karokissen

Am oberen und unteren Vorderteil jeweils eine der 62 cm langen Längsseiten 5 cm breit nach links umbügeln und ca. 4 cm breit feststeppen.

Nun die beiden Vorderteile übereinander legen, das kleinere Kissenteil liegt oben. Die Länge des Vorderteils auf die Länge des rückwärtigen Kissenteils abstimmen. Die beiden vorderen Kissenhälften aufeinander feststecken. Anschließend das vordere und das hintere Kissenteil rechts auf rechts legen und ringsum aufeinander nähen. Den Bezug wenden, die Ecken mit einer Schere vorsichtig herausdrücken und bügeln.

Jetzt den Stehsaum ringsum 5 cm breit absteppen. Der genaue Abstand von 5 cm wird mithilfe des Führungslineals eingehalten. Falls kein Lineal vorhanden sein sollte, kann die Absteplinie auch dünn mit Schneiderkreide aufgezeichnet werden.

Für die Schlaufen werden drei Stoffstreifen von ca. 10 cm Länge und 4 cm Breite benötigt (siehe Zeichnung 3). Die fertigen Bänder zu Schlaufen falten (dabei die Schlaufengröße auf die Knopfgröße abstimmen!), bügeln und mit der Nähmaschine an das obere Kissenteil nähen. Der Abstand zu den äußeren Kanten beträgt 13 cm.

Für die bezogenen Knöpfe werden drei alte Knöpfe benötigt. Drei Stoffkreise zuschneiden, deren Durchmesser ungefähr doppelt so groß wie der Knopfdurchmesser sein sollte. Dann mit einem doppelt gelegten Faden, ca. 2 mm bis 3 mm von der Stoffkante entfernt, mit einem kleinen Vorstich entlang der äußeren Stoffkante von Hand nähen. Nahtanfang und -ende nicht vernähen. Anschließend den Faden an beiden Enden vorsichtig anziehen, den Knopf in die Mulde legen und die Fäden weiter anziehen, bis sich der Stoff stramm um den Knopf legt. Die beiden Fadenenden zusammenknoten und den Stoff damit festnähen. Mit einem neuen, doppelt gelegten Faden die Knöpfe am unteren Kissenvorderteil befestigen.

Material

- karierten Baumwollstoff:
  - 1-mal Vorderseite Innenkissenbezug
  - 1-mal Rückseite Innenkissenbezug
- geblümten Baumwollstoff:
  - 1-mal Vorderseite Kissenhülle
  - 1-mal Rückseite Kissenhülle
  - 8-mal Stoffstreifen für die Bindebänder: 4 cm x 35 cm
- Näh-Grundausstattung

Tipp

Wenn Ihnen das Nähen der Bindebänder zu aufwendig ist, dann kaufen Sie einfach welche.

Kissen mit Kissenhülle

Dieses Kissen steckt in zwei Bezügen.

Für das innere, karierte Kissen entsprechend des Kissen-Inletts die Stoffteile mit jeweils 1 cm Nahtzugabe ringsum zuschneiden. Die beiden Teile rechts auf rechts legen, die Kanten aufeinander steppen und dabei eine ca. 20 cm große Öffnung zum Wenden lassen.

Nach dem Nähen und Wenden des Bezugs das Kissen-Inlett hineinstecken und die Öffnung von Hand zunähen.

Für die geblümte Kissenhülle werden nochmals zwei Stoffstücke benötigt, die an zwei gegenüberliegenden Seiten mit 1 cm Nahtzugabe und an den anderen beiden Seiten mit zusätzlichen 6 cm Stoff zugeschnitten werden. Die beiden Stoffseiten, an die 6 cm Nahtzugabe angeschnitten wurden, zunächst 1 cm, dann nochmals 5 cm nach innen bügeln und mit der Nähmaschine feststeppen.

Anschließend die beiden Kissenteile an den anderen Stoffseiten rechts auf rechts aufeinander nähen und die Nähte auseinander bügeln.

Nun acht Bänder nähen (siehe Zeichnung 2). Die Bänder jeweils ca. 12 cm von den äußeren Kanten der geblümten Kissenhülle entfernt feststeppen und die Kissenhülle auf beiden Seiten mit Schleifen verschließen.

Material

- geblümter Baumwollstoff:
  - 1-mal Vorderseite 74 cm x 74 cm
  - 1-mal Rückseite oben: 33 cm x 74 cm
  - 1-mal Rückseite unten: 43 cm x 74 cm
- Kissen-Inlett, 60 cm x 60 cm
- Reißverschluss, 40 cm lang
- Näh-Grundausstattung (Nähmaschine mit Führungslineal)

Kissen mit Bogenkante

Dieses Kissen zeichnet sich durch seine Bogenkante am Stehsaum aus. Damit die Bogen nach dem Verstürzen eine einheitliche Form aufweisen, muss exakt gearbeitet werden. Die Maße für dieses Kissen fallen absichtlich etwas größer aus, damit man beim Anzeichnen der Bogen etwas Spielraum hat.

Zunächst die Rundung der Bogen sowie die Bogenecke aus dem Anhang (siehe Zeichnung 30, 31) kopieren. Mit dieser Papierschablone die Kontur der Bogenkante mit einem hauchdünnen Bleistiftstrich auf das Vorderteil des Kissens übertragen. Die Schablone bei der ersten Seite 1 cm von der Stoffkante entfernt auflegen (Nahtzugabe). Dabei an einer Ecke mit der Eckschablone beginnen und dann erst die Schablone der „geraden" Bogenkante anfügen. Beim Aufzeichnen extrem sorgfältig arbeiten und das Aufzeichnen auf der anderen Seite wieder mit der „Eckschablone" abschließen. An diese Ecke wieder die Schablone für eine gerade Strecke ansetzen. So an allen Seiten vorgehen.

Das Kissen ist, wie erwähnt, etwas größer konzipiert. Bitte nicht wundern, dass an einer Seite des Kissens mehr Nahtzugabe vorgesehen ist.

Das Kissen wird auf der Rückseite durch einen verdeckt eingenähten Reißverschluss (siehe Zeichnung 10) geschlossen, ein spezielles Reißverschlussfüßchen ist hier hilfreich. Zunächst die beiden Schnittteile für die Rückseite entlang der 74 cm langen Seiten rechts auf rechts aufeinander stecken und lediglich am Anfang und am Ende 17 cm zunähen. Die Nahtzugaben auseinander bügeln. Den Stoff zwischen diesen beiden Nähten 1 cm breit nach links umbügeln (Reißverschlussbereich). Unter diese umgebügelte Kante den Reißverschluss legen und mit Nähgarn festheften. Nach dem Heften den Reißverschluss mit der Nähmaschine feststeppen. Die Heftfäden entfernen.

Nun Vorder- und Rückseite des Kissens miteinander verstürzen (siehe Zeichnung 19). Dazu die beiden Kissenteile mittig rechts auf rechts aufeinander legen und ringsum, entlang der aufgezeichneten Bogenkante, aufeinander steppen. Alle Nahtzugaben auf 2 mm bis 3 mm zurückschneiden und jede Ecke sowie jeden Bogen vorsichtig mit einer scharfen Schere bis kurz vor die Nahtlinie einschneiden (siehe „Ecken und Rundungen beschneiden", Seite 10).

Dann das Kissen wenden und die einzelnen Bogen vorsichtig mit einer Schere herausdrücken. Die Rundungen durch leichtes Rollen zwischen den Fingern schön ausformen. Dieser Arbeitsschritt verlangt etwas Geduld, zahlt sich aber aus. Die gesamte Bogenkante vorsichtig bügeln.

Zum Schluss den Stehsaum ringsum 5 cm breit absteppen. Der genaue Abstand von 5 cm lässt sich mithilfe des angeschraubten Führungslineals leicht einhalten. Falls kein Lineal vorhanden sein sollte, kann die Absteppline auch dünn mit Schneiderkreide aufgezeichnet werden.

Material

- gestreiften Baumwollstoff oder Möbel-Bezugsstoff
- alten Armlehnenstuhl oder Stuhl-Rohling (z. B. von car – Selbstbaumöbel)
- Tresse
- Bleistift
- Schere
- Lineal oder Geodreieck
- Maßband
- Stecknadeln
- Tacker
- Heißklebepistole

Hinweis

Hier kann lediglich die grobe Vorgehensweise erläutert werden, weil sich alle Stühle voneinander unterscheiden. Bei alten Stühlen kann es zum Beispiel auch ratsam sein, den Holzteilen mit Lack einen frischen Anstrich zu verpassen.

Tipp

Auch aus Stoffresten lässt sich noch etwas machen. Hier habe ich beispielsweise eine kleine Umhängetasche für meine Kinder genäht.

Armlehnenstuhl

Mit einem neuen, frischen Stoff überzogen sehen ein alter Stuhl oder ein „Stuhl-Rohling“ sofort ganz anders aus. Dazu die linke Stoffseite des grob zugeschnittenen Bezugsstoffs mit Nadeln mittig auf der Sitzfläche feststecken. Durch „Ertasten“ die Stuhlkanten ermitteln, an diesen Stellen den Stoff nach hinten umschlagen und mit einem Stift kleine Markierungen auf die linke Stoffseite machen. So für die gesamte Fläche vorgehen.

Anschließend den Stoff exakt mit 1 cm Nahtzugabe ringsum zuschneiden. Den Stoff erneut mit Nadeln auf der Sitzfläche fixieren, die Nahtzugabe einschlagen und den Stoff festtackern.

Die Tackerklemmen mithilfe der Heißklebepistole mit Tresse überkleben.

Material

- gestreiften Baumwollstoff
- Litze
- Lampenschirmfolie
- alte Lampe mit Lampenschirm
- Schere
- Schneiderkreide
- Bleistift
- Sprühkleber
- Klebestift oder Flüssigkleber
- Bügeleisen

Tipp

Im Bastelfachhandel gibt es diverse Lampenrohlinge zu kaufen, die Sie selbst individuell gestalten können. Meist handelt es sich dabei aber um kleinere Tischlampen.

Lampe

Ein neues Kleid für eine alte Lampe ist schnell gemacht und einfach umzusetzen. Dazu den alten Lampenschirm als Vorlage nehmen und die Konturen mit Bleistift auf Lampenschirmfolie übertragen.

Die Lampenschirmfolie gibt es entweder zum Aufbügeln oder sie muss ganzflächig mit Sprühkleber eingesprüht und anschließend auf den Stoff geklebt werden.

Den Stoff an der oberen und unteren Kante ca. 1 cm größer zuschneiden, nach innen einschlagen und festkleben. Über die Stoßkante Litze oder dünnes Band kleben.

Material

- karierten Baumwollstoff:
  - 1-mal Oberseite
  - 4-mal Seitenteil
  - 16-mal Stoffstreifen für die Bindebänder: 4 cm x 35 cm
- Hocker
- Näh-Grundausstattung
- Tacker

Tipp

Wenn Ihnen das Nähen der 16 Bindebänder zu aufwendig ist, können Sie natürlich auch auf fertige Bänder zurückgreifen. Hier ist die Auswahl in Kurzwarengeschäften sehr groß.

Husse für Fußhocker

Die Teile folgendermaßen zuschneiden: Das Schnittteil für die Oberseite ringsum mit 1 cm Nahtzugabe zuschneiden. Die vier Schnittteile für die Seiten am Saum mit 3 cm Zugabe, an den Seiten mit 2 cm Nahtzugabe und an der oberen Kante mit 1 cm Nahtzugabe zuschneiden.

Nun das Oberteil rechts auf rechts auf ein Seitenteil stecken, das unten liegende Seitenteil ist dabei an den Seiten 1 cm länger! Die beiden Schnittteile aufeinander steppen, genäht wird dabei auf dem Oberteil. Die Naht am Anfang und am Ende 1 cm offen lassen! Die Nahtzugaben auseinander bügeln.

Nun das zweite Seitenteil rechts auf rechts an das Oberteil nähen. Die Naht beginnt direkt am letzten Stich der ersten Naht und endet wieder 1 cm vor der Kante. So bei allen vier Schnittteilen vorgehen.

Dann die Längsnähte steppen, wobei im unteren Bereich die Naht ca. 20 cm bis 25 cm offen gelassen wird (Schlitz für die Bindebänder). Bei diesen Nähten direkt am letzten Stich der vorangegangenen Nähte beginnen.

Nach dem Zusammensteppen der Längsnähte die Nahtzugaben auseinander bügeln, den Bezug über den Hocker ziehen und eventuell Korrekturen vornehmen. Der Bezug sollte im oberen Bereich recht stramm sitzen.

Anschließend den Saum 3 cm nach links umbügeln und feststeppen. Die Nahtzugaben an den Längsnähten 2 cm nach links umbügeln und ebenfalls festnähen. Die Nahtzugaben an den Ecken auf 5 mm zurückschneiden.

Die Bindebänder (siehe Zeichnung 2) anfertigen, an die noch offenen Kanten der Seitennähte nähen und zu Schleifen binden.

Material

- karierten Baumwollstoff:
  - 1-mal Deckchen
- Näh-Grundausstattung

Tipp

Beim letzten Arbeitsschritt können gerne Zierstiche der Nähmaschine ihren Einsatz finden – das sieht sehr hübsch aus.

Tablett-deckchen

Das kleine Deckchen fürs Tablett ist schnell genäht. Die Grundfläche des Tabletts ausmessen und den Stoff mit zusätzlich 4 cm Saum zuschneiden.

Anschließend die Briefecken nähen (siehe Zeichnung 16). Dazu mit Schneiderkreide auf die linke Stoffseite ringsum die Saumbreite (4 cm) aufzeichnen. Im zweiten Arbeitsschritt die doppelte Saumbreite aufzeichnen (8 cm). Nun die Kanten bis zur Linie für die doppelte Saumbreite links auf links umbügeln, es entsteht ein 4 cm breiter Saum. Die umgebügelten Kanten wieder aufklappen und die diagonale Linie wie bei den Verarbeitungszeichnungen gezeigt einzeichnen. Diese Linie nun rechts auf rechts aufeinander steppen und die Nahtzugaben auf ca. 1 cm zurückschneiden, an der Spitze sehr knapp zurückschneiden. Den Saum nach rechts wenden, die Ecke mit einer Schere herausdrücken und den Saum nochmals überbügeln.

Ringsum mit Nadeln feststecken und in einem Arbeitsgang von rechts absteppen. Hierzu einen Zierstrich verwenden.

Material

- karierten Baumwollstoff:
  - 1-mal Oberseite
  - 4-mal Seitenteil
- Hocker
- Näh-Grundausstattung
- Tacker

Tipps

Einen alten Fußhocker mit Stoff zu beziehen ist in der Regel nicht schwierig. Lediglich an den Ecken sollten Sie möglichst exakt arbeiten. Da alle Hocker unterschiedliche Formen haben, wird hier nur grob erklärt, wie Sie vorgehen sollten. Diese Anleitung können Sie auch auf Hocker mit Füßen übertragen.

Falls Sie keinen alten Hocker haben oder nicht das richtige Modell im Möbelhandel finden, können Sie sich einen Fußhocker auch leicht selbst bauen. Lassen Sie sich dafür im Baumarkt eine dicke Schaumstoffplatte in Ihrer Wunschgröße zuschneiden. Genauso groß sollten Sie ein Brett (Leimholzplatte) zuschneiden lassen, auf welchem Sie den Schaumstoff mit Montagekleber befestigen. Unter die Holzplatte schrauben Sie noch fertige Füße (Baumarkt), dann steht der Rohling zum Beziehen bereit!

Überzogener Fußhocker

Zunächst die Oberseite des Hockers ausmessen und dieses Teil ringsum mit 1 cm Nahtzugabe zuschneiden. Dann die Seitenteile ausmessen. Die obere Kante des Seitenteils ist genauso lang wie die Kanten des bereits zugeschnittenen Schnittteils. Dann die Breite der unteren Kante des Hockers ausmessen. Die Teile ebenfalls ringsum mit 1 cm Nahtzugabe zuschneiden, lediglich an der unteren Kante (Unterseite des Hockers) 2 cm bis 3 cm zugeben, weil der Stoff hier festgetackert werden muss.

Zunächst ein Seitenteil rechts auf rechts auf das obere Hockerteil legen und exakt mit Nadeln feststecken. Die beiden Schnittteile nun aufeinander nähen, dabei am Anfang und am Ende der Naht 1 cm offen lassen! Die Nahtzugaben auseinander bügeln.

Nun das zweite Seitenteil rechts auf rechts an das Oberteil stecken. Bei dieser Naht direkt am letzten Stich der ersten Naht beginnen und wieder 1 cm vor der Kante enden. So bei allen vier Schnittteilen vorgehen.

Anschließend die Längsnähte steppen. Hier direkt an den Nähten der Oberseite beginnen. Die Nahtzugaben auseinander bügeln.

Den Bezug über den Hocker ziehen und die Passform kontrollieren. Der Bezug sollte extrem stramm sitzen. Eventuell Korrekturen vornehmen.

Den Bezug wieder abnehmen und die Nahtzugaben an den Ecken auf 5 mm zurückschneiden. Zum Schluss den Bezug wieder über den Hocker ziehen und die untere Kante des Stoffs am Hocker festtackern.

Material

- geblümten Baumwollstoff:
  - 1-mal Manschette: 20 cm x 21 cm
  - 1-mal Serviette: 40 cm x 40 cm
  - 2-mal Stoffstreifen für die Bindebänder: 4 cm x 30 cm
- Vlieseline:
  - 1-mal Manschette: 20 cm x 21 cm
- Näh-Grundausstattung

Serviette mit Manschette

Bei dünnen Stoffen empfiehlt es sich, Vlieseline auf die linke Stoffseite der Serviettemanschette zu bügeln. Dabei die aufgedruckten Herstellerangaben beachten.

Anschließend das Schnittteil an den beiden langen Seiten rechts auf rechts falten und ringsum 1 cm breit aufeinander steppen, dabei eine 5 cm bis 6 cm breite Öffnung zum Wenden offen lassen.

Die Nahtzugaben auf 5 mm zurückschneiden, die Ecken schräg abschneiden. Die Manschette durch die Öffnung wenden, die Ecken mit einer Schere vorsichtig herausdrücken und die Kanten bügeln. Die Öffnung mit einigen Handstichen zunähen.

Nun die Bindebänder nähen (siehe Zeichnung 6) und mittig an die Seiten der Manschette steppen.

Die Nahtzugaben an der Serviette zweimal ca. 1 cm breit nach links umbügeln und feststeppen („Saum doppelt einschlagen", Seite 10).

Material

- karierten Baumwollstoff:
  - 1-mal Oberseite Sitzkissen
  - 4-mal Stoffstreifen für die Bindebänder: 9 cm x 65 cm
- einfarbigen Baumwollstoff:
  - 1-mal Unterseite Sitzkissen
- Schaumstoffplatte
- Näh-Grundausstattung

Stuhlkissen

Für die Sitzkissen dieser Stühle im Baumarkt Schaumstoffplatten in der entsprechenden Größe zuschneiden lassen oder auf günstige, fertige Sitzkissen zurückgreifen und daraus die Polster selbst zuschneiden.

Den zugeschnittenen Schaumstoff auf den Stoff legen und diesen ringsum 1 cm breiter als das Sitzkissen zuschneiden. Bei sehr dickem Schaumstoff eventuell noch einen weiteren Zentimeter für die Höhe des Kissens zugeben.

Die vier Bänder (Zeichnung 2) nähen und beim Verstürzen mitfassen. Dabei die Position der Bänder durch Anstecken mit Nadeln an das Sitzkissen ermitteln, sie ist abhängig von der Stuhlform.

Zum Verstürzen die beiden Schnittteile rechts auf rechts aufeinander legen und an eine ausreichend große Öffnung zum Wenden und Einlegen des Schaumstoffkissens denken. Nach dem Nähen die Nahtzugaben auf 5 mm zurückschneiden, die Teile wenden, die Kanten bügeln, das Sitzkissen einlegen und die Öffnung von Hand schließen.

Material

- karierte oder gestreifte Baumwollstoffe
- Litze, Bänder oder Tresse
- Pappschachteln
- Bleistift
- Schneiderkreide
- Schere
- Lineal oder Geodreieck
- Maßband
- Klebestift
- Flüssigkleber
- Sprühkleber
- Bügeleisen

Schachteln

Pappdosen lassen sich schnell in sehenswerte Dekoobjekte verwandeln. Dazu bei allen Dosen folgendermaßen vorgehen:

Die Oberseite des Deckels auf den Stoff legen und die Kontur übertragen. Dann den Stoff ringsum ca. 1 cm größer zuschneiden. Den Deckel mit Sprühkleber einsprühen und den Stoff faltenfrei festkleben. Aus dem überstehenden Stoff kleine Dreiecke ausschneiden und ringsum mit einem Klebestift am Deckelrand befestigen. Dann die Länge und Höhe des Deckelrandes ausmessen und ringsum 1 cm Nahtzugabe anschneiden. Die langen Seiten sowie eine Schmalseite des Stoffstreifens nach links umbügeln, Höhe und Länge nochmals am Deckel kontrollieren und anschließend mit Klebestift ankleben.

Bei der Dose ähnlich vorgehen. Hier müssen an die obere Kante 3 cm, an die untere Kante 2 cm und an den Längsseiten 1 cm Nahtzugabe angeschnitten werden. Die Schachtel mit Sprühkleber einsprühen und den Stoff festkleben. Die Kanten nach innen beziehungsweise unten einschlagen, eventuell kleine Dreiecke herausschneiden und ebenfalls mit einem Klebestift festkleben.

Die Deckel mit mit Bändern, Litzen oder Tresse bekleben.

Ganz romantisch

Der gleiche Raum, das gleiche Sofa – aber mit einer anderen Auswahl von grünen und großgemusterten Kissen und einer veränderten Dekoration wirkt das Wohnzimmer sofort ganz anders, nämlich eher romantisch-verspielt! Sie sehen: Mit nur wenigen Accessoires lässt sich das „Gesicht" eines Raumes im Handumdrehen verändern.

Material

- Blumenstoff:
  - 1-mal Vorderteil: 52 cm x 60 cm
  - 1-mal Rückseite oben: 52 cm x 14 cm
  - 1-mal Rückseite unten: 52 cm x 40 cm
- Kissen-Inlett, 50 cm x 50 cm
- Reißverschluss, 40 cm lang
- Näh-Grundausstattung (Nähmaschine mit Führungslineal)

Blumenkissen

Dieses Kissen hat auf der Vorderseite eine abgesteppte Falte. Dazu die 60 cm lange Seite des Vorderteils 20 cm nach links umbügeln, die beiden linken Stoffseiten liegen aufeinander. Den Stoff mit Nadeln fixieren. Dann 4 cm von der Bruchkante entfernt die Stepplinie mit Schneiderkreide anzeichnen oder das Führungslineal der Nähmaschine einsetzen. Nun die Falte 4 cm breit absteppen, anschließend den Stoff wieder nach vorne umschlagen und die Kante bügeln.

Das Kissen wird durch einen Reißverschluss auf der Rückseite geschlossen. Beim Einnähen des Reißverschlusses an der Verarbeitungszeichnung (siehe Zeichnung 10) orientieren. Die beiden Schnittteile für die Rückseite entlang der 52 cm langen Seite rechts auf rechts legen und die Naht am Anfang und am Ende 6 cm breit zusammennähen. Die Nahtzugaben auseinander bügeln. Den Stoff zwischen diesen beiden Nähten ebenfalls 1 cm breit nach links umbügeln (Reißverschlussbereich). Unter dieser umgebügelten Kante den Reißverschluss festheften. Anschließend mit der Maschine festnähen und die Heftfäden entfernen.

Die Vorder- und Rückseite des Kissens miteinander verstürzen. Dazu die beiden Kissenteile rechts auf rechts legen und ringsum 1 cm breit aufeinander nähen. Die Kissenhülle nach rechts wenden, die Ecken mit einer Schere herausdrücken und die Kanten bügeln.

Material

Kissen mit Knopfleiste

- karierten Baumwollstoff:
  - 1-mal Rückseite: 52 cm x 72 cm
  - 1-mal Vorderseite unten: 52 cm x 61 cm
  - 1-mal Vorderseite oben: 52 cm x 26 cm
- Kissen-Inlett, 50 cm x 70 cm
- 3 Knöpfe
- Näh-Grundausstattung

Kissen mit Hotelverschluss

- karierten Baumwollstoff:
  - 1-mal Kissenhülle: 32 cm x 82 cm
- Kissen-Inlett, 30 cm x 30 cm
- Näh-Grundausstattung

Kissen mit Knopfleiste

Für die Knopfleiste an beiden vorderen Schnittteilen jeweils eine Längsseite 5 cm nach links umbügeln und ca. 4 cm breit feststeppen. Dann in das kleinere Vorderteil drei Knopflöcher einarbeiten. Der Abstand der Knopflöcher zu den beiden äußeren Kanten beträgt 9 cm.

Anschließend die beiden Vorderteile übereinander legen, das kleinere Kissenteil liegt oben. Die Größe des Vorderteils auf die Größe des rückwärtigen Kissenteils abstimmen. Die beiden vorderen Kissenhälften aufeinander feststecken und innerhalb der Nahtzugaben aufeinander nähen. Anschließend das vordere und hintere Kissenteil rechts auf rechts legen und ringsum feststeppen.

Nun das Kissen wenden, die Ecken mit einer Schere herausdrücken und bügeln. Mit einem doppelt gelegten Faden die Knöpfe am unteren Kissenvorderteil befestigen.

Kissen mit Hotelverschluss

Dieses karierte Kissen hat einen Hotelverschluss (siehe Zeichnung 18), an den Bindebänder genäht werden. Hierzu wird nur ein Stoffstück benötigt.

Nach dem Zuschneiden zunächst die beiden Schmalseiten zweimal ca. 1 cm nach links umbügeln (siehe „Saum doppelt einschlagen", Seite 10) und feststeppen. Den Stoff so weit rechts auf rechts umschlagen, dass die aufeinander gelegten Seiten der Kissenlänge (30 cm) entsprechen und auf der anderen Seite ein Überstand von 18 cm bleibt. Die beiden Stofflagen an den Seiten mit Nadeln aufeinander feststecken. Nun den Umschlag zurückfalten und ebenfalls an den Seitennähten auf den bereits zusammengesteckten Stofflagen feststecken. Dann die Seitennähte steppen und die Kissenhülle nach rechts wenden. Die Nahtzugaben auseinander bügeln. So ist an der Innenseite ein Einschlag entstanden, in welches das Kissen geschoben werden kann.

Material

Kleines Kissen mit Bindebändern

- karierter Baumwollstoff:
  - 1-mal Kissenhülle: 32 cm x 82 cm
  - 2-mal Stoffstreifen für die Bindebänder: 4 cm x 30 cm
  - 2-mal Stoffstreifen für die Bindebänder: 4 cm x 60 cm
- Kissen-Inlett, 30 cm x 30 cm
- Näh-Grundausstattung

Geblümtes Kissen mit Reißverschluss

- geblümten Baumwollstoff:
  - 1-mal Vorderseite: 52 cm x 52 cm
  - 1-mal Rückseite oben: 12 cm x 52 cm
  - 1-mal Rückseite unten: 42 cm x 52 cm
- Kissen-Inlett, 50 cm x 50 cm
- Reißverschluss, 30 cm lang
- Näh-Grundausstattung

Kleines Kissen mit Bindebändern

Dieses karierte Kissen hat ebenfalls einen Hotelverschluss (siehe „Kissen mit Hotelverschluss"), an den aber Bindebänder genäht werden.

Für die Bindebänder werden vier Bänder benötigt. Diese wie bei den Verarbeitungszeichnungen erklärt (siehe Zeichnung 2) nähen. Die beiden kurzen Bänder ca. 5 cm von den Seitenkanten entfernt feststeppen. Die langen Bänder falten, die Mitte markieren und an dieser Markierung an die andere Kissenseite steppen. Jeweils die drei Bänder beziehungsweise Bandenden verknoten.

Geblümtes Kissen mit Reißverschluss

Zunächst die beiden Schnittteile für die Rückseite entlang der 52 cm langen Seiten rechts auf rechts aufeinander stecken. Die beiden Schnittteile am Anfang und am Ende 11 cm breit zusammensteppen. Die Nahtzugaben auseinander bügeln.

Auch die Nahtzugaben entlang des Reißverschlussbereichs nach links umbügeln. Den Reißverschluss von Hand einheften und anschließend mit der Maschine feststeppen. Dazu das Reißverschlussfüßchen der Nähmaschine einsetzen (siehe Zeichnung 8). Nach dem Nähen die Heftfäden entfernen.

Das vordere und rückwärtige Kissenteil rechts auf rechts aufeinander steppen. Die Nahtzugaben auseinander bügeln, den Kissenbezug wenden und das Kissen-Inlett einschieben.

Mädchen-träume

Wovon kleine Prinzessinnen träumen? Von einem romantischen Zimmer in Pastelltönen, das fast aus einem Schloss stammen könnte. Kuschelkissen, Körbe, mit denen sich im Handumdrehen Ordnung schaffen lässt, und liebevolle Details verwandeln ein ganz gewöhnliches Kinderzimmer in einen wahren Mädchentraum!

Himmelreich in Rosa

Mit Kindern ist man dankbar für jeden zusätzlichen Quadratmeter Wohnraum im Haus. Schauen Sie doch mal Ihren Dachboden an, ob sich aus diesem unbenutzten Areal nicht etwas machen lässt. Hier wurde der Dachboden zu einem Himmelreich für eine kleine Prinzessin ausgebaut – ein Zimmer, in dem sich Mädchen einfach wohl fühlen.

Material

- Dachlatten
- Nut-und-Feder-Bretter
- Sperrholzbretter
- Holzhalbkugeln
- Winkelleisten
- Schrauben
- Nägel
- Acryllack
- Kopierpapier
- Bleistift
- Schwingschleifer
- Stichsäge
- Akkubohrer und/oder Bohrmaschine

Holz-Vertäfelung

An zwei Seiten sind die Wände mit Holz vertäfelt. Hierzu zunächst an der oberen und unteren Kante des zu vertäfelnden Bereichs Dachlatten anschrauben.

Auf diesen Dachlatten die Nut-und-Feder-Bretter befestigen. Für die Schräge die Wand ausmessen, die Maße mit Bleistift auf das Holz übertragen und dieses dementsprechend zuschneiden. Die Bretter streichen und trocknen lassen.

Die Sperrholzbordüre anbringen. Hierzu im Baumarkt ca. 15 cm breite Sperrholzbretter zuschneiden lassen, auf die anschließend mithilfe von einer Schablone ein frei Hand entworfenes Zackenmuster übertragen wird. Dieses mit der Stichsäge aussägen und die Kanten mit einem Schwingschleifer abrunden.

Nach dem Lackieren und Aufkleben der kleinen Holz-Halbkugeln die Sperrholzbordüren ringsum festnageln.

Für einen sauberen Abschluss der oberen Kante zusätzlich Winkelleisten anbringen.

MEMO

Memoboard

Zunächst ein rechteckiges Holzstück zuschneiden, an den oberen Ecken mit Bohrlöchern zum Aufhängen versehen und es anschließend lackieren.

Die Holzwäscheklammern, Holzherzen und Holzbuchstaben streichen und mit Sekundenkleber oder einer Heißklebepistole ankleben.

Kleiderbügel

Die Holzkleiderbügel zunächst an beiden Seiten um 5 cm bis 6 cm kürzen.

Anschließend den Bügel auf ein Blatt Papier legen und ein Schnittmuster erstellen. Hierzu die Konturen mit ca. 1 cm Mehrweite nachzeichnen und die Position des Hakens markieren. Um diese Konturen nochmals ringsum 1 cm Nahtzugabe anzeichnen.

Entsprechend des Schnittmusters den Stoff und das aufbügelbare Volumenvlies jeweils zweimal zuschneiden. Das Volumenvlies auf die linken Stoffseiten aufbügeln und die Steppnähte diagonal durchsteppen. Dazu in der Mitte der Schnittteile eine schräge Stepplinie mit Schneiderkreide aufzeichnen. Die weiteren Linien im Abstand von ca. 1,5 cm unter Zuhilfenahme des Führungslineals absteppen. Zunächst alle Stepplinien für eine Richtung nähen. Anschließend wieder eine Linie aufzeichnen, die im rechten Winkel zu den bereits fertigen Nähten liegt, und dann die Stepplinien, die in die andere Richtung laufen, absteppen.

Zum Verstürzen die beiden Schnittteile so aufeinander legen, dass die rechten Stoffseiten innen liegen. Die Teile ringsum zusammennähen, nur an der oberen Kante eine ca. 1 cm bis 2 cm große Öffnung für den Haken und an der unteren Kante eine ca. 15 cm große Öffnung zum Wenden offen lassen. Die Nahtzugaben auf 5 mm zurückschneiden, das Teil wenden und die Kanten bügeln.

Den Stoff über den Kleiderbügel schieben und die untere Öffnung von Hand zunähen. Den Haken zusätzlich mit einem kleinen Stoffschlauch beziehen (siehe Zeichnung 4), der von Hand eingekräuselt wurde.

Beutel

Bei diesem Beutel wird die Vorderseite durch eine Teilungsnaht und einen zwischengefassten Paspelstreifen gestaltet (siehe Zeichnung 13). Den Streifen dafür links auf links bügeln und mit der offenen Kante rechts auf rechts an das untere Vorderseiten-Schnittteil stecken. Darüber dann das obere Vorderseiten-Schnittteil stecken und anschließend alle Stofflagen 1 mm bis 2 mm breit aufeinander feststeppen. Alle Nahtzugaben ins untere Schnittteil bügeln.

Für die Applikationen den weißen Stoff von links mit Vliesofix bekleben. Die Motive (Seite 157) abpausen und auf die Rückseite übertragen. Die Hose und das Hemd ausschneiden, das Trägerpapier abziehen und die Applikationen auf die Vorderseite des Beutels bügeln. Anschließend mit einem kleinen, dicht eingestellten Zickzackstich übersteppen.

Dann die Vorder- und Rückseite des Beutels rechts auf rechts aufeinander legen und beide Seitennähte sowie die untere Kante aufeinander steppen. Den Beutel wenden, die Ecken vorsichtig mit der Schere herausdrücken und die Kanten bügeln.

Für den Tunnel ca. 1,5 cm unterhalb der oberen Kante in der Mitte der Vorderseite ein kleines Knopfloch einarbeiten. Die versäuberte, obere Kante ca. 3 cm nach innen umbügeln und feststeppen. Das dünne Satinband mit einer kleinen Sicherheitsnadel einziehen.

Material Memoboard

- Holzbrett: 40 cm x 9 cm
- Acryllack
- Holzbuchstaben, 4 cm hoch
- 8 Wäscheklammern
- 8 Holzherzen
- Sekundenkleber oder Heißklebepistole
- Pinsel
- Stichsäge
- Bohrmaschine oder Akkuschrauber
- Holzkleiderbügel
- Näh-Grundausstattung (Nähmaschine mit Führungslineal)

Kleiderbügel

- karierten Baumwollstoff:
  - je 1-mal Vorder- und Rückseite
  - Stoffrest für die Hakenverzierung
- aufbügelbares Volumenvlies:
  - je 1-mal Vorder- und Rückseite

Beutel

- karierten Baumwollstoff:
  - 1-mal Rückseite: 30 cm x 25 cm
  - 1-mal Vorderseite oben: 14 cm x 25 cm
  - 1-mal Vorderseite unten: 18 cm x 25 cm
  - 1-mal Stoffstreifen für die Paspel: 25 cm x 3 cm
- Baumwollstoff in Weiß, Reste
- Vliesofix
- Satinband, ca. 70 cm lang
- Näh-Grundausstattung (Nähmaschine mit Führungslineal)

Tipps

In Bastelfachgeschäften, Dekoläden und Bastelecken der Baumärkte ist die Auswahl an kleinen Streuteilen aus Holz unendlich groß. Wem keine Herzen gefallen, der wird hier sicherlich anderweitig fündig. Mit etwas Glück finden Sie hier auch bereits lackierte Wäscheklammern.

In manchen Stoffläden oder Stoffabteilungen der Kaufhäuser gibt es bereits wattierten und abgesteppten Steppstoff zu kaufen.

Wem die Teilungsnaht beim Beutel zu aufwendig ist, der kann darauf verzichten und die Applikationen auf ein rechteckiges Stoffstück aufsteppen, welches genauso groß ist wie die Rückseite.

Bevor Sie mit dem Applizieren beginnen, sollten Sie auf einem Probestück den Zickzackstich einstellen. Die Stiche sollten nicht zu groß sein und dicht nebeneinander liegen!

Material

- karierten Baumwollstoff:
  - 1-mal Vorderseite: Innenbezug
  - 1-mal Rückseite: Innenbezug
  - 1-mal Vorderseite: Außenbezug
  - 1-mal Rückseite: Außenbezug
  - 8-mal Stoffstreifen für die Bindebänder: 4 cm x 35 cm
- Kissen-Inlett
- Näh-Grundausstattung

Tipp

Statt die Bindebänder selbst zu nähen können Sie dafür auch auf fertige Bänder zurückgreifen.

Karokissen

Dieses karierte Kissen steckt gleich in zwei Bezügen. Für das innere Kissen entsprechend der Kissengröße die Stoffteile mit jeweils 1 cm Nahtzugabe ringsum zuschneiden. Die beiden Teile rechts auf rechts legen, die Kanten aufeinander steppen und dabei eine ca. 20 cm große Öffnung zum Wenden lassen. Nach dem Nähen und Wenden des inneren Bezugs das Kissen hineinstecken und die Öffnung von Hand zunähen.

Für den oberen Bezug benötigt man nochmals zwei Stoffstücke, die an zwei gegenüberliegenden Seiten mit 1 cm Nahtzugabe und an den anderen Seiten mit zusätzlichen 6 cm Stoff zugeschnitten werden. Die Seiten, an die 6 cm Nahtzugabe angeschnitten wurden, zunächst 1 cm, dann nochmals 5 cm nach innen bügeln und mit der Nähmaschine übersteppen. Anschließend die beiden Kissenteile rechts auf rechts aufeinander legen und die beiden noch offenen Seiten aufeinander steppen. Die Naht auseinander bügeln.

Nun die acht Bindebänder arbeiten: Dazu die Stoffstreifen zunächst an den beiden Längsseiten 1 cm nach innen umbügeln, anschließend nochmals falten und aufeinander steppen (siehe Zeichnung 2). Dann die Bänder 10 cm bis 15 cm von der äußeren Kante entfernt mit der Nähmaschine feststeppen.

Material

- gemusterten Baumwollstoff:
  - 1-mal Rückseite: 42 cm x 42 cm
  - 1-mal Vorderseite: 42 cm x 19 cm
  - 1-mal Vorderseite: 42 cm x 36 cm
  - 4-mal Stoffstreifen für die Bindebänder: 4 cm x 30 cm
- Kissen-Inlett, 40 cm x 40 cm
- Zackenlitze, 42 cm lang
- Näh-Grundausstattung

Tipp

Kinder lieben Kissen. Mit ihnen kann man Burgen bauen, sich zum Lesen gemütlich drauf legen, eine Kissenschlacht machen und, und, und. Kissen kann es in einem Kinderzimmer also nie zu viele geben!

Schleifenkissen

Für die Rückseite ein 42 cm x 42 cm großes Quadrat zuschneiden. Die Schnitteile für die Vorderseite sind 42 cm x 19 cm und 42 cm x 36 cm groß.

Bei den Schnittteilen für die Vorderseite zunächst die 42 cm langen Kanten, an die die Schleifen genäht werden, 4 cm nach innen umbügeln und feststeppen. Auf das obere Vorderteil die Zackenlitze steppen.

Das kürzere obere Vorderteil auf das untere Teil legen und exakt auf die Länge von 42 cm ausrichten. Unbedingt die Länge von Vorder- und Rückseite des Kissens vergleichen! Nun Vorder- und Rückseite des Kissens rechts auf rechts aufeinander nähen. Den Kissenbezug wenden und die Ecken vorsichtig mit der Schere herausdrücken.

Für die Bindebänder jeweils die beiden Längsseiten der Stoffstreifen zunächst 1 cm nach innen umbügeln, dann nochmals falten und aufeinander steppen (siehe Zeichnung 2). Die Bänder an die beiden vorderen Kissenteile nähen und zu Schleifen binden.

Material

- karierten Baumwollstoff:
  - 1-mal fürs Holzbrett: 50 cm x 24 cm
  - 3-mal für die Schächtelchen
- Holzbrett: 42 cm x 16 cm
- 3 Holz- oder Pappschächtelchen, 10 cm hoch
- 3 Krönchen, 7 cm hoch
- Zackenlitze
- Klebestift
- Sekunden- oder Flüssigkleber
- Acryllack
- Aufhänger
- Bügeleisen
- Tacker oder Schrauben mit Unterlegscheiben
- Pinsel

Krönchen-Utensilo

Zunächst drei kleine, stabile Papp- oder Holzkästen mit Stoff beziehen. Dazu die Höhe und den Umfang der Kästen ausmessen. In der Höhe 3 cm Stoff zugeben, beim Umfang ca. 1 cm. Dann die obere Stoffkante 1 cm nach links umbügeln und mit Klebestift festkleben. Den Stoff um das Kästchen legen und alle Kanten fixieren. Die Zackenlitze mit Sekundenkleber oder Flüssigkleber befestigen.

Den Stoff mit der linken Seite auf das Brett legen und an der Rückseite ringsum festtackern.

Die Kästen auf die stoffbezogene Hintergrundplatte tackern oder mit kleinen Schrauben und Unterlegscheiben befestigen.

Die Krönchen lackieren ebenfalls auf der Rückseite antackern oder festschrauben.

Material

- Baumwollstoff:
  - 1-mal Lampenschirmüberzug
  - 1-mal ggf. Stoffstreifen für die Rüsche
- Lampenschirm in Weiß
- Röschen oder Litzen
- Nähgarn
- Sprühkleber
- Klebestift oder Textilkleber
- Papier
- Bleistift

Lampenschirm

Für die Lampenschirme benötigt man fertige, weiße Lampenschirme, die lediglich mit Stoff beklebt werden. Je nach Wunsch kann man auch mit verschiedenen Stoffen arbeiten, die dann einfach zusammengenäht werden. Anschließend nach Belieben Litzen, Röschen oder Perlen aufkleben.

Für die Rüsche der gepunktete Lampe benötigt man einen 8 cm breiten Stoffstreifen, dessen Länge mindestens zwei- bis dreimal so lang sein sollte wie der Umfang der unteren Lampenkante. Den Streifen verstürzen (siehe Zeichnung 4) und einkräuseln (siehe „Einkräuseln“, Seite 10).

Zum Beziehen des Lampenschirms zunächst einen Papierschnitt herstellen. Dazu den Schirm auf einem großen Stück Papier abrollen und dabei entlang der oberen und unteren Kante kleine Markierungen auf dem Papier machen. An der Nahtstelle des fertigen Schirms beginnen und enden.

Den Papierschnitt ausschneiden, auf den Stoff übertragen und an allen Kanten 1 cm Nahtzugabe anschneiden. Die Zugaben an der oberen und unteren Kante sorgfältig nach innen umbügeln (Höhe am Lampenschirm überprüfen) und mit einem Klebestift oder Textilkleber festkleben. Dann den Lampenschirm mit Sprühkleber einsprühen, den Stoff exakt ausrichten und vorsichtig andrücken. Eine Längsseite festkleben, die andere Seite 1 cm nach innen einschlagen und ebenfalls mit Klebestift befestigen.

Zum Schluss Litzen, Röschen oder sonstige Verzierungen aufkleben. Die Rüsche wird ebenfalls aufgeklebt.

Material

- gemusterten Baumwollstoff:
  - je 1-mal Stoffkreis für Vorder- und Rückseite
  - 1-mal Seitenstreifen
- Styroporkügelchen
- Trichter
- Näh-Grundausstattung

Tipp

Styroporkügelchen finden Sie zum Beispiel im Bastelfachhandel. Wenn Sie keine Styroporkügelchen als Füllmaterial finden, kaufen Sie einfach ein fertiges Bodenkissen und nähen dafür einen neuen Bezug.

Sitzkissen

Für das Bodenkissen zwei große runde Kreise (zum Beispiel Durchmesser 50 cm) mit ringsum 1 cm Nahtzugabe aus Stoff zuschneiden. Für den Seitenstreifen den gesamten Umfang des Kreises ausmessen und einige Zentimeter Mehrweite hinzugeben. Die Höhe des Streifens beträgt 25 cm. Auch hier an den Längsseiten die Nahtzugaben anschneiden.

Dann den langen Seitenstreifen rechts auf rechts an die beiden Kreise stecken und ihn ringsum feststeppen. Die Kanten bügeln.

Durch die noch offene Kante des Seitenstreifens die Styroporkügelchen einfüllen. Hierbei einen Trichter zur Hilfe nehmen. Nach dem Füllen den überstehenden Stoff am Seitenteil beidseitig auf 2 cm zurückschneiden, übereinander legen und sehr sorgfältig von Hand zunähen.

Material

- karierten Baumwollstoff:
  - 2-mal Deckelbezug
  - 6-mal Stoffstreifen für die Bindebänder: 3,5 cm x 20 cm
- Weidenkorb
- Sperrholzplatte oder Pappe
- Heißkleber
- Näh-Grundausstattung
- Stichsäge

Weidenkorb mit Deckel

Für den Deckel zunächst den Korb auf Pappe oder eine Sperrholzplatte stellen und die Konturen übertragen. Dementsprechend die Pappe oder das Holz zuschneiden.

Diesen Deckel auf den Stoff legen und zwei Stofflagen zuschneiden, ringsum mit 1,5 cm Nahtzugabe. Die beiden Stoffteile rechts auf rechts legen und an drei Seiten aufeinander nähen. Die Teile wenden, die Nahtzugaben zurückschneiden und die Kanten bügeln.

Die Pappe oder das Holz zwischen die beiden Stofflagen schieben und die hintere Öffnung von Hand zunähen.

Für die Bindebänder sechs Stoffstreifen verstürzen (siehe Zeichnung 4). Zwei Streifen flechten und als Schlaufe mit Heißkleber an die vordere Kante kleben. Die vier übrigen Bänder an die gegenüberliegende Seite kleben und damit den Deckel am Korb befestigen.

Material

- Rüschenstoff (alternativ: Baumwollstoff und Band)
- runde Pappschachtel
- Schere
- Sprühkleber
- Klebestift
- Bleistift
- Maßband
- Bügeleisen

Tipps

Zum Beziehen dieser Dose brauchen Sie Rüschenstoff. Falls Sie jedoch keinen Rüschenstoff finden, können Sie auch einen einfachen Baumwollstoff nehmen und anschließend Bänder beziehungsweise Tresse aufkleben oder aufnähen.

Bitte achten Sie darauf, dass sich in dem Bereich, in dem die Dose geschlossen wird, möglichst keine Rüschen befinden.

Rüschendose

Den Deckel auf die linke Stoffseite legen, die äußeren Konturen auf den Stoff übertragen und ringsum 1 cm Nahtzugabe anschneiden. Die Oberseite des Deckels mit Sprühkleber einsprühen und den Stoff faltenfrei aufkleben. Aus der überstehenden Nahtzugabe kleine Dreiecke ausschneiden und diese mit einem Klebestift ringsum am Deckelrand befestigen.

Dann den gesamten Umfang und die Höhe des Deckels ausmessen und jeweils 2 cm Nahtzugabe hinzugeben. Die Nahtzugaben dieses Streifens an den Längsseiten jeweils 1 cm nach links umbügeln und mit einem Klebestift festkleben. Den fertigen Streifen nun an den Rand des Deckels kleben, ein Ende nach links einschlagen und über dem anderen Ende fixieren.

Für die Dose den Umfang ausmessen. In der Höhe 4 cm und in der Länge 2 cm Stoff zugeben. Die Dose mit Sprühkleber einsprühen und den Stoff so aufbringen, dass er oben und unten 2 cm übersteht. Den überstehenden Stoff einschlagen und mit Klebestift festkleben, eventuell auch hier kleine Einschnitte vornehmen oder Dreiecke ausschneiden. Bei den Längsseiten genauso vorgehen wie beim Deckel.

Material

- karierten Baumwollstoff:
  - 1-mal Stoffhintergrund vorne
  - 1-mal Stoffhintergrund hinten
  - 4-mal Stoffstreifen für die Schleifen: 40 cm x 8 cm
- Sperrholzbrett
- Holzbuchstaben
- Acryllack
- Klebstoff
- Sprühkleber oder Heißklebepistole
- Näh-Grundausstattung
- Stichsäge
- Pinsel

Namensschild

Die Holzbuchstaben lackieren und probeweise nebeneinander legen, um die Länge des Schriftzuges zu ermitteln. Dementsprechend das Holzbrett zuschneiden.

Für den Stoffhintergrund ca. die doppelte Länge des Bretts zuschneiden, die Höhe richtet sich ebenfalls nach den Holzabmessungen. Zusätzlich nochmals ca. 7 cm in der Höhe hinzugeben. Dieses Rechteck zweimal zuschneiden, rechts auf rechts aufeinander nähen und dabei eine ca. 10 cm große Öffnung zum Wenden offen lassen. Die Ecken schräg abschneiden und die Schnittteile wenden. Die Kanten bügeln und die Öffnung mit einigen Handstichen zunähen.

Dann dieses Rechteck, 2 cm vom Rand entfernt, auf die gewünschte Länge einkräuseln (siehe „Einkräuseln“, Seite 10) und mit reichlich Sprühkleber oder einer Heißklebepistole auf das Sperrholzbrett kleben. Auf den Stoff die Buchstaben aufkleben.

Für die Schleifen ca. 40 cm lange und 8 cm breite Stoffstreifen zuschneiden und verstürzen (siehe Zeichnung 5). Die Bänder am Brett befestigen und zu Schleifen binden.

Material

- karierten Baumwollstoff:
  - 4-mal Stoffstreifen für Rüschen
  - 4-mal Stoffstreifen für die Schleifen: 3,5 cm x 20 cm
- Bilderrahmen
- 3 Holzherzen
- Acrylfarbe
- Flüssigkleber
- Näh-Grundausstattung
- Pinsel

Tipp

Wem das Nähen und Einkräuseln des Baumwollstoffs zu aufwendig ist, der kann natürlich auch fertiges Band nehmen und dieses einkräuseln. In manchen gut sortierten Stoffgeschäften gibt es bereits eingekräuseltes Band zu kaufen.

Herzbild

Den Bilderrahmen und die Herzen mit Acrylfarbe anstreichen.

Für die Rüschen vier Stoffstreifen zuschneiden, die doppelt so breit sind wie der Rahmen, hinzu kommen noch 2 cm Nahtzugabe. Die Streifen sollten jeweils ca. zwei- bis dreimal so lang sein wie die jeweilige Rahmenseite. Die Stoffstreifen verstürzen, wenden, die offenen Schmalseiten nach innen einschlagen und von Hand zunähen (siehe Zeichnung 4).

Dann die Bänder auf die Länge der jeweiligen Rahmenseiten einkräuseln (siehe „Einkräuseln", Seite 10) und mit Flüssigkleber befestigen.

Für die Ecken kleine Bänder verstürzen (siehe Zeichnung 4), zu Schleifen binden und aufkleben. In der Mitte des Rahmens die Herzen aufkleben.

Material

- karierten Baumwollstoff
  - 2-mal Fotobandstreifen: 25 cm x 92 cm
  - 12-mal Herzen: 12 cm x 12 cm
- feste Vlieseline
  - 1-mal Fotobandstreifen: 25 cm x 92 cm
- Zackenlitze, ca. 200 cm lang
- Holzstab, 26 cm lang
- Geschenkband aus Bast: 2-mal 150 cm lang (für die Herzen) und 1-mal 40 cm lang (als Aufhänger)
- kleine Klarsicht- bzw. Ausweishüllen
- Klebstoff
- Näh-Grundaussstattung

Fotoband

Auf die linke Seite eines Stoffstreifens Vlieseline aufbügeln, dabei die aufgedruckten Herstellerangaben beachten.

Dann die beiden Streifen rechts auf rechts aufeinander legen und ringsum feststeppen, dabei eine ca. 15 cm große Öffnung zum Wenden offen lassen. Die Nahtzugaben zurückschneiden, die Ecken schräg abschneiden und das Teil wenden. Die Ecken vorsichtig mit einer Schere herausdrücken. Anschließend die Kanten flach bügeln und die Öffnung mit kleinen Stichen von Hand zunähen.

Die obere Kante ca. 2,5 cm breit nach hinten umschlagen und knappkantig feststeppen. In den entstandenen Tunnel später den Holzstab einschieben. Die kleinen Klarsichthüllen nach Wunsch aufnähen, dazu einen etwas größeren Stich an der Maschine einstellen.

Jeweils zwei Stoffquadrate rechts auf rechts aufeinander legen, frei Hand ein Herz-Schnittmuster entwerfen, darauf feststecken und ringsum aufeinander nähen, dabei eine ca. 4,5 cm große Öffnung zum Wenden offen lassen. Die Nahtzugaben zurückschneiden, die Ecken schräg abschneiden und das Herz wenden. Die Ecken vorsichtig mit einer Schere herausdrücken. Anschließend die Kanten flach bügeln und die Öffnung mit kleinen Stichen von Hand zunähen. Auf die Rückseite der Herzen ringsum Litze kleben. Jeweils drei fertige Herzen mit Klebstoff auf ein Bastband kleben. An der oberen Kante eine kleine Schlinge knoten und über den eingeschobenen Holzstab legen.

Das kurze Band als Aufhänger an die Außenkanten des Holzstabes knoten.

Romantisch-nostalgisch

Fast schon etwas nostalgisch und auf alle Fälle sehr romantisch, so mutet dieses Kinderzimmer an. Dazu braucht es gar nicht so viel: Mit nur zwei, drei farblich aufeinander abgestimmten Stoffen lässt sich im Handumdrehen ein ganz neuer Raum schaffen. Hier wurden einfarbige, geblümte und karierte Stoffe miteinander kombiniert. Verblüffend, wie diese trotz – oder vielleicht gerade wegen – des Mustermixes miteinander harmonieren. Die Stoffe wurden nicht nur zur Herstellung von Kissen oder Sitzkissen verwendet, sondern auch für schnell und einfach herzustellende und vor allen Dingen individuelle „Hingucker“: Lassen Sie Ihren kreativen Ideen freien Lauf.

Material

- geblümten, karierten oder einfarbigen Baumwollstoff
- Pappschachteln
- Litze oder Bänder
- Klebestift
- Sprühkleber
- Schere
- Lineal
- Maßband
- Bügeleisen

Schachteln

Aus alten Pappschachteln lassen sich wahre Schmuckstücke herstellen. Bei allen Schachteln folgendermaßen vorgehen:

Die Oberseite des Deckels auf den Stoff legen und die Kontur übertragen. Dann den Stoff ringsum ca. 1 cm größer zuschneiden. Den Deckel mit Sprühkleber einsprühen und den Stoff faltenfrei aufkleben. Aus dem überstehenden Stoff kleine Dreiecke ausschneiden und ringsum mit einem Klebestift am Deckelrand befestigen.

Dann die Länge und Höhe des Deckelrandes ausmessen und ringsum 1 cm Nahtzugabe anschneiden. Die langen Seiten sowie eine Schmalseite des Stoffstreifens nach links umbügeln, Höhe und Länge nochmals am Deckel kontrollieren und anschließend mit einem Klebestift ankleben.

Bei der Dose ähnlich vorgehen. Hier an der oberen Kante 3 cm anschneiden, an der unteren Kante 2 cm und an den Längsseiten 1 cm. Die Schachtel mit Sprühkleber einsprühen und den Stoff festkleben. Die Kanten nach innen beziehungsweise unten einschlagen, eventuell kleine Dreiecke herausschneiden und ebenfalls mit einem Klebestift festkleben.

Zum Schluss die Litze oder das Band exakt aufkleben.

Längliches Kissen

Für dieses Kissen benötigt man für die Rückseite zunächst ein Rechteck vom geblümten Baumwollstoff, an dem ringsum 1 cm Nahtzugabe angeschnitten wird. Für die Vorderseite braucht man zwei Stoffstreifen des Blumenstoffs für die Seitenstreifen, der Mittelstreifen ist aus Karostoff.

Die Blumenstreifen rechts auf rechts an das Mittelteil nähen und zu einer Seite bügeln. Die Naht gegebenenfalls knappkantig absteppen. Die Größe des vorderen Kissenteils unbedingt auf die des hinteren Kissenteils abstimmen.

Die Vorder- und Rückseite des Kissens aufeinander steppen, dabei eine kleine Öffnung zum Wenden offen lassen. Nach dem Wenden die Ecken mit einer Schere herausdrücken, das Kissen-Inlett einlegen und die Öffnung von Hand zunähen.

Kissen mit Bindebändern

Für die Rückseite des Kissens mit den Bindebändern zunächst ein Quadrat zuschneiden, welches so groß wie das Inlett ist, ringsum muss aber noch zusätzlich 1 cm Nahtzugabe angeschnitten werden. Für die Vorderseite benötigt man zwei Schnittteile. Dafür den Papierschnitt (Größe des Kissens) in drei Teile aufteilen: Das eine Drittel ist das kleinere, obere Schnittteil, die beiden anderen Drittel ergeben das größere, untere Teil. Am größeren Kissenteil an den äußeren drei Seiten jeweils 1 cm Nahtzugabe anschneiden, an der Innenkante werden 7 cm Zugabe benötigt. Das kleinere, obere Kissenteil wird ringsum mit 1 cm Nahtzugabe zugeschnitten.

Die später sichtbare, oben liegende Stoffkante dieses Kissenteils mit einem 3,5 cm breiten Karostreifen einfassen. Diesen Streifen zunächst an einer langen

Material
Längliches Kissen

- geblümten Baumwollstoff:
  - 1-mal Rückseite
  - 2-mal Vorderseiten-Seitenstreifen
- karierten Baumwollstoff:
  - 1-mal Vorderseiten-Mittelstreifen
- Kissen-Inlett
- Näh-Grundausstattung

Kissen mit Bindebändern

- geblümten Baumwollstoff:
  - 1-mal Rückseite
  - 1-mal Vorderseite klein
  - 1-mal Vorderseite groß
- karierten Baumwollstoff:
  - 1-mal Einfassstreifen
  - 4-mal Stoffstreifen für die Bindebänder: 4 cm x 40 cm
- Kissen-Inlett
- Näh-Grundausstattung

Seite mit dem Zickzackstich versäubern. Anschließend rechts auf rechts auf die Stoffkante steppen, die Nahtbreite beträgt ca. 1 cm. Den Streifen nach vorne umlegen und die Kante bügeln. Dann nochmals nach hinten umschlagen und knappkantig von vorne absteppen.

Am unteren, größeren Schnittteil die Kante zweimal jeweils 1 cm breit nach innen einschlagen und festnähen. Nun die beiden Vorderteile übereinander legen, das kleinere Kissenteil liegt oben. Unbedingt die Größe des Vorderteils auf die Größe des rückwärtigen Kissenteils abstimmen. Die beiden vorderen Kissenteile knappkantig an den Seiten aufeinander steppen. Anschließend das vordere und hintere Kissenteil rechts auf rechts legen und ringsum aufeinander nähen. Die Kissenhülle wenden, die Ecken mit einer Schere vorsichtig herausdrücken und bügeln.

Für die Bindebänder benötigt man vier 40 cm x 4 cm große Stoffstreifen. Diese wie bei den Verarbeitungszeichnungen (siehe Zeichnung 4) beschrieben arbeiten und mit der Nähmaschine an das obere und untere Vorderteil nähen.

Tipp

Anstatt die Kante des oberen Kissenteils mit kariertem Stoff einzufassen, können Sie auch fertiges Paspelband nehmen. Hierbei handelt es sich um Baumwollschrägband, welches bereits so vorgebügelt ist, dass man den Stoff lediglich zwischen die beiden Paspelhälften schieben und feststeppen muss. Aus diesem Band können Sie natürlich auch die Schleifen herstellen. Das erspart Ihnen viel Arbeit.

Material

- geblümten Baumwollstoff:
  - 2-mal Rückenlehne
  - 4-mal Stoffstreifen für die Bindebänder: 8 cm x 45 cm
- karierten Baumwollstoff
  - 4-mal Stoffstreifen für die Bindebänder: 8 cm x 45 cm
- aufbügelbares Volumenvlies:
  - 1-mal Rückenlehne
- Schaumstoff
- Näh-Grundausstattung

Rückenlehne mit Bindeschleifen

Ein Polster für die Rückenlehne des Stuhls ist schnell genäht. Man muss dafür lediglich zwei rechteckige Stoffstücke zuschneiden. Dazu den relevanten Bereich der Rückenlehne (Breite und doppelte Länge des fertigen Polsters; hier zwischen den beiden Querstreben) exakt ausmessen und ringsum jeweils 1 cm Nahtzugabe hinzurechnen.

Auf eines der beiden Stoffstücke dickes, aufbügelbares Volumenvlies aufbügeln. Die Kanten des Vlieses an allen Seiten ca. 1 cm überstehen lassen, damit es beim Verstürzen nochmals mitgefasst wird.

Die Bandhälften rechts auf rechts aufeinander legen und an den beiden Längsseiten sowie an einer schmalen Seite aufeinander nähen. Die Nahtzugaben zurückschneiden, die Streifen wenden (mithilfe eines Kochlöffels) und die Kanten bügeln. Für jedes Band wird ein Streifen geblümter und ein Streifen karierter Stoff benötigt.

Vor dem Verstürzen der beiden Rückenpolsterteile die Binderbänder feststecken. Dann das vordere und hintere Rückenlehnenteil rechts auf rechts aufeinander steppen, dabei eine ca. 10 cm große Öffnung zum Wenden offen lassen! Nach dem Nähen die Nahtzugaben auf 5 mm zurückschneiden, die Ecken schräg abschneiden und das Teil wenden. Die Ecken vorsichtig mit einer Schere herausdrücken, die Kanten bügeln, das Schaumstoffpolster hineinstecken und die Öffnung mit einigen Stichen von Hand zunähen.

Das Polster mit den zu Schleifen gebundenen Bindebändern am Stuhl befestigen.

Material

- geblümten Baumwollstoff:
  - 1-mal Sitzkissen-Vorderteil
  - 4-mal Stoffstreifen für die Bindebänder: 8 cm x 45 cm
- karierten Baumwollstoff:
  - 1-mal Sitzkissen-Rückteil
  - 4-mal Stoffstreifen für die Bindebänder: 8 cm x 45 cm
- Sitzkissen-Inlett (z. B. Schaumstoffplatte oder fertiges Sitzkissen)
- Näh-Grundausstattung

Tipp

Einzelne Tulpen in schlichten Fläschchen auf einem kleinen Gewürzbord sind ein schnell gemachter, aber ausgesprochen wirkungsvoller Raumschmuck.

Sitzkissen

Für das Sitzkissen benötigt man eine Schaumstoffplatte oder ein fertiges Sitzkissen, welches etwa genauso groß ist wie die Sitzfläche des Stuhls.

Die beiden Sitzkissen-Stoffteile ebenso groß wie das Schaumstoffteil zuschneiden, jedoch ringsum 1 cm Nahtzugabe hinzugeben. Bei sehr dickem Schaumstoff eventuell noch einen weiteren Zentimeter für die Höhe des Kissens hinzugeben.

Die vier Bindebänder wie bei der Rückenlehne beschrieben arbeiten und beim Verstürzen mitfassen. Die Position der Bänder durch Anstecken mit Nadeln an das Sitzkissen ermitteln, sie ist abhängig von der Stuhlform.

Beim Verstürzen wie bei der Rückenlehne beschrieben vorgehen. Nach dem Nähen die Teile wenden, die Kanten bügeln, das Sitzkissen einlegen und die Öffnung von Hand schließen.

Material
Buchstaben

- geblümten Baumwollstoff
- große Holz- oder Pappmaché-Buchstaben
- Zackenlitze
- Klebestift

Bilderrahmen

- geblümten und einfarbigen Baumwollstoff:
  - 1-mal für den Rahmen
  - 1-mal für die Rahmen-Rückseite
- Bilderrahmen
- ggf. Holz-Streuteil (z. B. Vogel)
- Sprühkleber
- Klebestift
- Schere

Überzogene Buchstaben

Größere Buchstaben lassen sich einfach mit Stoff beziehen. Beim Bekleben ist es sinnvoll, die Ecken vorsichtig einzuschneiden und an den Rundungen kleine Dreiecke auszuschneiden. Den Stoff mit einem Klebestift festkleben.

Zum Schluss die offenen Kanten mit Zackenlitze überkleben.

Bilderrahmen

Zum Beziehen der Bilderrahmen zunächst den Rahmen ausmessen. Für die Außenkanten 4 cm Stoff anschneiden, für den inneren Bildausschnitt reichen 1,5 cm Nahtzugabe.

Den Bilderrahmen mit Sprühkleber einsprühen und den Stoff vorsichtig und faltenfrei darüber kleben. Den Stoff um die äußeren Kanten legen und mit einem Klebestift auf der Rückseite befestigen.

Für den inneren Bildausschnitt die Nahtzugabe vorsichtig bis in die Ecken einschneiden. Auch hier wieder den Stoff stramm um die Kante des Bilderrahmens ziehen und exakt festkleben.

Anschließend die Bilderrahmen-Rückseite mit einem kontrastreichen Stoff beziehen und eventuell das Holz-Streuteil aufkleben.

Material

- karierten oder einfarbigen Baumwollstoff:
  - 1-mal Lampenbezug
- Lampenschirm in Weiß
- Band oder Litze
- ggf. Perlenkette
- Papier
- Bleistift
- Sprühkleber
- Klebestift
- Schere

Tipps

In der Materialübersicht ist ein weißer Lampenschirm angegeben. Wenn Sie sich für einen absolut blickdichten Stoff entschieden haben, können Sie auch einen andersfarbigen, alten Lampenschirm nehmen. Testen Sie bei eingeschaltetem Licht, ob Ihr neuer Bezugsstoff lichtdurchlässig ist oder der alte Lampenschirm durchscheint.

Lampenschirm

Für die Lampe benötigt man einen weißen Lampenschirm, der mit Stoff überklebt wird.

Zunächst einen Papierschnitt herstellen. Dazu den Schirm auf einem großen Stück Papier abrollen und dabei entlang der oberen und unteren Kante kleine Markierungen auf dem Papier machen. An der Nahtstelle des fertigen Schirms beginnen und enden.

Den Papierschnitt ausschneiden, auf den Stoff übertragen und an allen Kanten 1,5 cm Nahtzugabe anschneiden.

Dann den Lampenschirm mit Sprühkleber einsprühen. Den Stoff auflegen, exakt ausrichten und festkleben. Eine Längsseite 1 cm nach innen einschlagen und mit Klebestift über die andere offene Kante kleben.

Die Nahtzugaben an der oberen und unteren Kante nach innen einschlagen und ebenfalls mit Klebestift festkleben.

Über die offene Kante innen Litze oder ein dünnes Band kleben. Eventuell eine Perlenkette über dem Lampenschirm drapieren.

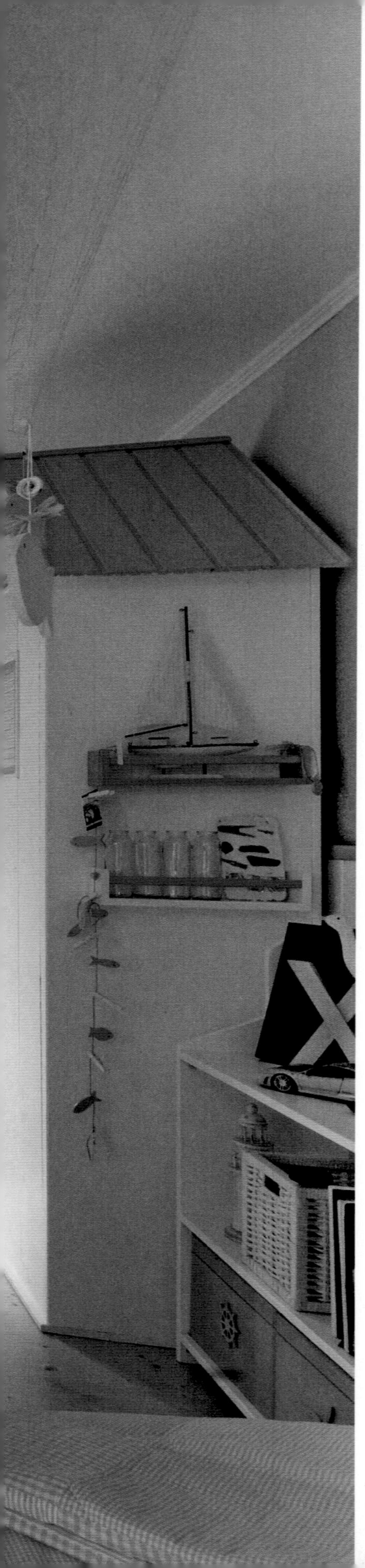

Für Jungs

Für Abenteurer, Stadt-Piraten und alle, die von der großen, weiten Welt träumen: Dieses Kinderzimmer begeistert mit seinem maritimen Touch. Bei der Gestaltung eines Kinderzimmers stehen immer mehrere Aspekte im Vordergrund. Es soll hell, freundlich und praktisch sein und gleichzeitig genügend Platz zum Spielen bieten. Bei diesem Kinderzimmer verbinden sich das „Schöne" und „Praktische" auf eine Art und Weise miteinander, die zu großen und kleinen Abenteuern inspiriert.

Für kleine Piraten

Für das Jungenzimmer im maritimen Stil habe ich die Farben Hellblau und Weiß gewählt. Als kleiner Farbtupfer kamen Rottöne hinzu. Diese drei Farben finden sich in den verwendeten Stoffen wieder. Auf den 13 Quadratmetern des Zimmers wurden ein Schrank, ein Bett, ein Regal, ein Schreibtisch sowie eine Kommode platzsparend untergebracht. Somit bleibt in der Mitte noch ausreichend Platz zum Spielen.

Material

- gestreiften Baumwollstoff:
  - 1-mal Gardine
  - 1-mal Beleg
  - Schlaufenanzahl nach Bedarf: 12 cm x 24 cm
- Gardinenstange
- Näh-Grundausstattung

Tipp

Anstatt der Schlaufen können Sie auch Kräuselband an die obere Gardinenkante nähen. Kräuselbänder für Gardinen gibt es in den unterschiedlichsten Ausführungen. Sie unterscheiden sich nach dem Zusammenziehen der Bänder in ihrer Faltenanordnung. Bei leichteren Stoffen empfiehlt es sich, Bleiband in den Saum zu legen. Die Gardinen hängen dann exakter nach unten und werfen keine Falten.

Gardine

Um einen maritimen Effekt zu erzielen, eignen sich Gardinen im Streifendesign. Die Länge der Gardine auf die Raumhöhe abstimmen. Für den Saum 15 cm und zum Verstürzen der oberen Kante weitere 1,5 cm hinzurechnen. Die Breite der Gardine auf die Fensterbreite abstimmen.

Die obere Kante wird mit einem Beleg verstürzt, die Schlaufen werden dabei zwischengefasst. Der Beleg ist so breit wie die Gardine und 8 cm hoch. Für die Schlaufen entsprechend der Fensterbreite eine ausreichende Anzahl von 12 cm breiten und 24 cm langen Streifen zuschneiden. Der Abstand zwischen den Streifen beträgt 9 cm. Beim Nähen folgendermaßen vorgehen:

Zunächst die Seiten der Gardine zweimal ca. 1 cm nach innen einschlagen und feststeppen (siehe „Saum doppelt einschlagen“, Seite 10).

Die Steifen für die Schlaufen rechts auf rechts falten und an einer Seite aufeinander steppen (siehe Zeichnung 4). Anschließend wenden und die Kanten bügeln. Die Schlaufen mittig falten und mit 9 cm Abstand zueinander an die obere Gardinenkante steppen. Die erste und letzte Schlaufe sitzen direkt an den äußeren Kanten.

Nun den Beleg auf die Gardinenbreite abstimmen. An den Seiten 1 cm Nahtzugabe hinzurechnen. Diese Nahtzugaben links auf links bügeln. Ebenso eine lange Seite (untere Kante des Belegs) nach links umbügeln und dann rechts auf rechts mit der offenen Seite an die Gardinenkante steppen. Die Schlaufen beim Verstürzen mitfassen. Die Nahtbreite beträgt 1,5 cm. Dann den Beleg nach links umlegen, die obere Kante bügeln und die untere, bereits vorgebügelte Kante feststeppen.

Die Länge der Gardine nochmals kontrollieren. Dann den Saum zunächst 1 cm, anschließend nochmals 14 cm nach innen umbügeln und mit Nadeln feststecken. Die Kante festnähen.

Material

- gestreiften Baumwollstoff:
  - 2-mal Sitzkissenteile
  - 3-mal Stuhlumrandung
  - 4-mal Stoffstreifen für die Bindebänder: 32 cm x 4 cm
- Sitzkissen-Inlett (Schaumstoff oder altes Sitzkissen)
- Näh-Grundausstattung

Stuhlkissen

Für die Sitzfläche des Stuhls zunächst einen Papierschnitt herstellen. Darauf die vorderen Kanten der Sitzfläche abrunden.

Dann den Papierschnitt auf den Stoff legen und die Schnittteile ringsum mit 1,5 cm Nahtzugabe zweimal zuschneiden. Für die Stuhlumrandung drei Rechtecke zuschneiden. Sie sollten jeweils insgesamt 1,5 cm kürzer sein als die drei Seiten der Sitzfläche. Die Höhe beträgt 27 cm.

Für die Umrandung zunächst jedes Schnittteil rechts auf rechts zusammenfalten und die schmalen Seiten aufeinander steppen. Die Nahtzugaben zurückschneiden, die Ecken schräg abschneiden und das Teil wenden. Die Ecken vorsichtig herausdrücken und die Kanten bügeln.

Dann die drei verstürzten Teile zwischen die beiden Hälften des Sitzkissens legen. Dieses anschließend an drei Seiten rechts auf rechts aufeinander steppen, die hintere Seite bleibt offen. Die Nahtzugaben zurückschneiden, die Ecken schräg abschneiden, die Teile nach rechts wenden und die Kanten bügeln.

Für die Bindebänder vier 32 cm lange und 4 cm breite Stoffstreifen zuschneiden. Die Streifen an beiden langen Seiten 1 cm nach links umbügeln, anschließend nochmals falten und von rechts übersteppen (siehe Zeichnung 2).

Die Nahtzugabe an der Rückseite des Sitzkissens nach innen einschlagen, die Bänder dazwischen legen und von rechts übersteppen. Nun das Schaumstoffkissen in den Bezug schieben und den Rest der offenen Kante mit der Maschine übersteppen oder mit kleinen Handstichen zunähen.

Tipps

Wenn Sie schon ein Sitzkissen speziell für Ihren Stuhl anfertigen, sollte es exakt der Stuhlform entsprechen. Sie können sich Schaumstoffplatten im Baumarkt (Gardinenabteilung) zuschneiden lassen, die billigere Variante ist aber der Kauf eines günstigen, fertigen Sitzkissens, welches Sie auf Ihre Maße zurechtschneiden.

Für die Bindebänder können Sie auch gekaufte Bänder nehmen.

Material

- gestreiften Baumwollstoff:
  - 1-mal Beutel: 30 cm x 90 cm
  - 1-mal Aufhänger: 8 cm x 45 cm
- Zackenlitze
- Näh-Grundausstattung

Tipps

Neben dem Schreibtisch wird eine einfache Kommode aus dem Möbelhaus aufgestellt. Spielen Sie auch hier mit den Farben und variieren Sie mit den Grundtönen des Zimmers. Was der großen Kommode gut tat, wurde bei der kleinen Ausführung ebenfalls umgesetzt. Ein tolles Gespann, welches eine Menge Stauraum bietet.

Der Schreibtisch besteht aus einer einfachen, unbehandelten Tischplatte, die blau gestrichen wurde. Sie ist 2 m lang und 70 cm tief. Bei dieser Länge können auch mal zwei Kinder gemeinsam Hausaufgaben machen oder nachmittags gemeinsam basteln.

Beutel

Für den Beutel ein 30 cm x 90 cm großes Rechteck zuschneiden.

Die Kanten der beiden schmalen Seiten zunächst 1 cm, anschließend nochmals 5 cm nach links umbügeln und feststeppen. Auf die Steppnaht je nach Wunsch Zackenlitze aufnähen.

Dann das Schnittteil rechts auf rechts falten und die Seitennähte steppen. Den Beutel wenden, die Ecken vorsichtig mit einer stumpfen Schere herausdrücken und die Kanten bügeln.

Als Aufhänger dient eine große Schlaufe. Die Beschreibung findet man bei der Gardinenverarbeitung (siehe Seite 61).

Material Pinnwand

- Pinnwand
- Paketschnur
- Holzfische
- Muscheln
- Acryllack
- Heißklebepistole
- Pinsel

Miniregal

- kleines Regal (Gewürzregal)
- Wäscheklammern
- maritime Streuteile aus Holz
- Acryllack
- Sekundenkleber
- Pinsel

Tipps

Anstatt die Korkplatte dieser Pinnwand zu streichen, können Sie natürlich auch Stoff auftackern. In dem Fall bekleben Sie die offenen Stoffkanten mit Bändern.

Verwenden Sie statt der kleinen Segelboote aus Holz kleine Buchstaben, die den Wochentagen entsprechen – als kleine Gedankenstütze bei der Erledigung der täglichen Hausaufgaben!

Pinnwand

Eine schlichte Korkpinnwand wird hier etwas aufgemöbelt. Dazu den Kork der Pinnwand mit Acryllack streichen, damit dieser besser zum gesamten Farbkonzept des Zimmers passt.

Eine mit Fischen und Muscheln beklebte Paketschnur verziert wie eine kleine Girlande den Rahmen (siehe auch „Fischkette“, Seite 71).

Miniregal

Oberhalb des Schreibtisches wird ein sehr schmales Regal angebracht (Gewürzregal). Es dient als Ablagefläche für Stifte.

Zunächst das Regal lackieren. Nach dem Trocknen an die Vorderseite zusätzlich ebenfalls lackierte Wäscheklammern mit Sekundenkleber kleben. Hier können in Sichthöhe schnell Notizen angeheftet werden.

Die Wäscheklammern wiederum mit kleinen Streuteilen bekleben.

Material
- Holz-Stehsammler
- Holzzahlen
- Sekundenkleber
- Acryllack
- Pinsel

Tipps

Die Zahlen gibt es in Bastel- oder Dekoläden.

Wer nicht gern mit dem Pinsel arbeitet, kann die Stehsammler auch mit Sprühfarbe lackieren. Das geht schneller, ist jedoch auch teurer.

Rollcontainer kann man in vielen Ausführungen in Möbelgeschäften kaufen. Diesen kleinen Container habe ich allerdings selbst gebaut – eine Aufgabe, an die sich eher geübte Hobbybastler wagen sollten. Kleine Scharniere befestigen eine Tür, Rollen unterhalb des Kastens machen den Container mobil. Auch hier spiegelt sich die Grundfarbe des Zimmers wieder. Alternativ können Sie aber auch gerne einem gekauften Rollcontainer einen neuen Anstrich verpassen!

Holz-Steh-sammler

Die einfachen Holz-Stehsammler zuerst lackieren und trocknen lassen.

Dann die ebenfalls angemalten Zahlen aufkleben. Diese bringen System in die „Buchhaltung“ der Kleinen.

Material

- verschiedene karierte und gestreifte Baumwollstoffe:
  - beliebige Anzahl Rechtecke für die Vorderseite
  - 2-mal langen Randstreifen für die Vorderseite
  - 2-mal kurzen Randstreifen für die Vorderseite
  - 1-mal Rückseite
- aufbügelbares Volumenvlies:
  - 1-mal für die Vorderseite
- Näh-Grundausstattung

Tagesdecke

Die Größe der Tagesdecke auf die Bettgröße abstimmen: Die Decke sollte an den Seiten etwa 20 cm überhängen. Bei der Vorderseite der Tagesdecke wird die Mitte aus ca. 20 cm x 24 cm großen Rechtecken aus drei unterschiedlichen Stoffen zusammengesetzt. Beim Nähen reihenweise vorgehen:

Jeweils die Rechtecke rechts auf rechts mit Nadeln aneinander stecken. Die Nähte steppen und auseinander bügeln. Nach Fertigstellung der ersten Reihe die zweite Reihe rechts auf rechts an die erste nähen. Darauf achten, dass alle Nähte exakt aneinander stoßen. Die Nahtzugaben auch hier wieder auseinander bügeln.

Der Rand ist ca. 20 cm breit und wird zunächst an zwei gegenüberliegenden Seiten festgenäht. Anschließend die beiden anderen Umrandungen annähen.

Nun auf die linke Stoffseite der Tagesdecken-Vorderseite vorsichtig mit einem Tuch Volumenvlies aufbügeln.

Das Vlies an allen Kanten überstehen lassen, damit es beim Verstürzen mitgefasst wird.

Die Rückseite der Decke genauso groß wie die fertige Vorderseite zuschneiden. Beide Teile rechts auf rechts aufeinander stecken und ringsum zusammennähen. Dabei an eine 25 cm bis 30 cm große Öffnung zum Wenden denken. Die Nahtzugaben auf 5 mm zurückschneiden und die Ecken schräg abschneiden. Dann die Decke durch die Öffnung wenden und die Kanten bügeln. Die Ecken vorsichtig mit einer stumpfen Schere herausdrücken. Die Öffnung mit kleinen Handstichen zunähen.

Zum Schluss über die Kreuzungspunkte auf der Vorderseite kleine, ca. 4 cm x 4 cm große Quadrate steppen. Dadurch erzielt man einerseits einen plastischen Effekt und verbindet zum anderen die Vorder- und Rückseite der Decke miteinander.

Tipps

Passende Bettwäsche zu finden ist gar nicht immer so einfach. Wenn Sie keine finden, die zu Ihrem Raum passt, so bieten gute Bettenfachgeschäfte häufig einen Nähservice an. Sie haben umfangreiche Stoffmusterkataloge mit einer großen Farbpalette, aus denen Sie sich das Passende aussuchen können. Ich habe hier einfach etwas mehr Stoff gekauft und aus diesem die zur Bettwäsche passende Tagesdecke gearbeitet.

Das einfach gehaltene Bett wurde von einem Tischler angefertigt. Es wurden drei Schubkästen eingearbeitet, die auf kleinen Rollen kinderleicht herausgeschoben werden können. Die einzelnen Kästen bieten tollen Stauraum für die Eisenbahn, Legosteine oder Bettwäsche. Die Vorderfront der Kästen wurde mit kleinen, blaugrauen Leisten und einem Holzknopf verziert. Der Farbton spiegelt sich an den Wänden wider.

Material

- karierten Baumwollstoff:
  - 1-mal Rückseite: 42 cm x 42 cm
  - 1-mal oberes Vorderteil: 26 cm x 42 cm
  - 1-mal unteres Vorderteil: 40 cm x 42 cm
- Kissen-Inlett, 40 cm x 40 cm
- 3 Knöpfe
- Näh-Grundausstattung

Kissen

Für eine Kissengröße von 40 cm x 40 cm benötigt man für die Rückseite ein 42 cm x 42 cm großes Quadrat. Für die Vorderseite benötigt man zwei Schnittteile: eines mit den Maßen 26 cm x 42 cm und eines mit den Maßen 40 cm x 42 cm.

Zunächst an beiden Vorderteilen die Kanten für die Knopfleiste (42 cm lang) zweimal je 5 cm nach links umbügeln. Anschließend mit einem Zickzackstich übersteppen.

Dann in die Knopfleiste des größeren Schnittteils drei Knopflöcher einarbeiten. Diese Vorgehensweise bitte der Bedienungsanleitung der Nähmaschine entnehmen.

Anschließend die beiden Vorderteile übereinander legen, wobei das Teil mit den Knopflöchern oben liegt. Die Gesamtlänge des vorderen Kissens auf die Länge des hinteren Kissenteils abstimmen. Die Schnittteile des vorderen Kissenteils ganz knappkantig an den Außenseiten aufeinander steppen.

Nun die Vorder- und Rückseite des Kissens rechts auf rechts aufeinander steppen. Nach dem Wenden die Ecken vorsichtig mit einer Schere herausdrücken. Die Kanten bügeln und die Knöpfe annähen.

Material
- alten Bilderrahmen
- Acryllack
- dünne Seile oder dicke Paketschnur
- Heißkleber
- Pinsel

Tipp
Das hier ist ein kreatives Projekt für die ganze Familie! Bücher zu dem Thema Knotenbinden o.Ä. gibt es im Buchhandel reichlich.

Knotentafel

Den alten Bilderrahmen samt Hintergrund lackieren und trocknen lassen.

Aus dicker Paketschnur oder dünnen Seilen (aus dem Baumarkt) verschiedene Seemannsknoten binden und mithilfe von Heißkleber fixieren.

Material

- Holzkästen
- Acryllack
- maritime Holzornamente
- Sekundenkleber
- Pinsel

Tipps

Ein Bücherregal ist natürlich unverzichtbar für jedes Kinderzimmer. Wer einigermaßen geschickt ist, kann sich dieses Regal mit Sicherheit auch selbst aus einfachen Leimholzbrettern bauen. Die untere Regalhöhe ist exakt auf drei blau-graue Holzkästen mit Deckel abgestimmt. Selbstverständlich lässt sich aber auch ein gekauftes Regal mit den selbst gestalteten Holzkästen aufpeppen.

Der Schrank wurde in Anlehnung eines alten Badehäuschens von einem Tischler gefertigt. Das Lamellenfenster ist eine kleine Tür aus dem Baumarkt.

An einer Seite des Schranks habe ich als Clou kleine, farblich passend gestrichene Gewürzregale angebracht. Die Fläschchen für die Flaschenpost stehen immer bereit!

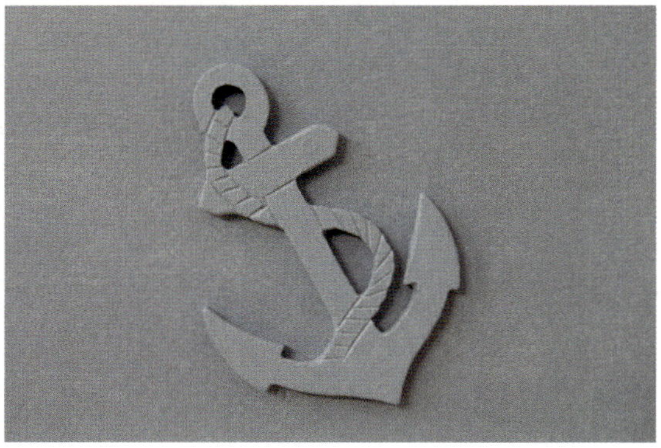

Holzkästen

Die Holzkästen aus dem Baumarkt streichen und trocknen lassen.

Danach mit den maritimen Ornamenten aus dem Bastelgeschäft bekleben – ein kleines Detail mit großer Wirkung.

Material
- Paketschnur
- Bast
- Muscheln
- Holzfische
- Heißklebepistole

Tipps

Auch Muscheln alleine, auf einem Tablett in Vogelsand gebettet, sind ein ausgesprochen dekorativer „Hingucker"!

Hier wurde ein aufbereiteter Flohmarktfund neu aufgetakelt und gestrichen. Auf kleinen lackierten Regalen aus dem Baumarkt kommt das Schiff besonders gut zur Geltung.

Die Decke habe ich mit einem Fischernetz abgehängt, in dem sich bereits diverse Fische verfangen haben. Das Netz locker an kleinen Häkchen aufhängen. Je nach Jahreszeit kann es aber schwierig werden, in den Sortimenten der Dekoläden Fischernetze zu finden. Suchen Sie am besten im Internet: Dort finden Sie immer eine unendliche Auswahl an maritimen Dekoartikeln. Fischernetze gibt es in unterschiedlichen Farben und Größen.

Die gesammelten Gräser des letzten Strandurlaubs bekommen im Netzglas (Dekogeschäft) einen Ehrenplatz.

Fischkette

Den Bast zu kleinen Bündeln wickeln und zusammenknoten.

Die Muscheln abwechselnd mit den kleinen Holzfischen und den Bastbündeln für eine Art Girlande mit Heißkleber auf die Paketschnur kleben. Dabei Vorsicht im Umgang mit der Heißklebepistole, der Klebstoff ist beim Austreten wirklich sehr heiß!

Hurra!

Gäste- & Arbeitszimmer

Für Besuch, für die Arbeit und für alles, was Spaß macht: Vielleicht haben Sie ja die Möglichkeit, einen eher wenig genutzten Raum in einen „Multifunktionsraum“ zu verwandeln: in ein Gästezimmer, in ein kleines Ersatzwohnzimmer mit zwei gemütlichen Sesseln oder in ein Arbeits- und Hobbyzimmer mit einem großen Schreibtisch, an dem Bürokram erledigt werden kann. Vielleicht bietet sich dieser Raum auch an, um darin Ihrem neuen kreativen Hobby – dem Nähen – nachzugehen? Egal, wofür Sie sich entscheiden: Richtig gemütlich wird das neue Zimmer erst mit wohnlichen Accessoires aus Stoff!

Einladend

Das kleine Dachgeschosszimmer habe ich zunächst mit den Standardmöbeln eines Gästezimmers ausgestattet: einem Bett, einem Schrank und einem Stuhl. Um es auch als Ersatz-Wohnzimmer nutzen zu können, habe ich zwei alte Sessel mit einem frischen Karostoff bezogen – schon sehen sie aus wie neu und passen hervorragend in den in Rot- und Gelbtönen gehaltenen Raum. Als Schreibtisch dient eine einfache Tischlerplatte, die lackiert wurde. Das Bett bekam einen Baldachin und eine passende Tagesdecke. So fühlt sich hier jeder wohl!

Material

- geblümten oder einfarbigen Baumwollstoff:
  - 1-mal Bezug
- Holz- oder Papp-Stehsammler
- schmales Band oder Zackenlitze
- großen Bogen Papier oder Zeitungspapier
- Sprühkleber
- Flüssigkleber
- Stecknadeln
- Schere
- Maßband oder Lineal
- Bleistift oder Schneiderkreide

Tipp

Entscheiden Sie sich beim Kauf des Stoffes nach Möglichkeit für einen dickeren und blickdichten Stoff. Bei dünnen Stoffen könnte der Klebstoff auf die rechte Stoffseite durchschlagen oder die Farbe des Stehsammlers durchscheinen. Falls Sie neue Stehsammler kaufen, sollten Sie sich deshalb für weiße entscheiden.

Stehsammler

Holz- oder Pappstehsammler lassen sich mühelos mit Stoff bekleben. Dafür den Stehsammler auf einem großen Bogen Papier oder Zeitungspapier „abrollen“, die Konturen mit kleinen Strichen auf das Papier übertragen und das Schnittmuster ausschneiden.

Dieses Schnittmuster auf den Stoff übertragen, an allen Seiten zusätzlich 1,5 cm Nahtzugabe zugeben und ausschneiden.

Dann den Stehsammler Seite für Seite mit Sprühkleber einsprühen und den Stoff festkleben. Den Stoff an einer kurzen Längsseite nach links einschlagen und über die andere Stoffseite kleben. Die Nahtzugaben an der oberen Kante nach innen einschlagen, den Stoff an der unteren Kante am Boden des Stehsammlers festkleben. Die offenen Kanten an der Innenseite mit einem schmalen Band oder Zackenlitze überkleben.

Material
Kleine Pinnwand

- geblümten Baumwollstoff:
  - 1-mal Bezug: 65 cm x 65 cm
- Volumenvlies:
  - 1-mal zum Polstern: 50 cm x 50 cm
- Holzrest oder Spanplatte, 50 cm x 50 cm
- Satinband, 1 cm breit, ca. 5 m lang
- 2 Aufhänger
- Polsternägel oder Reißzwecken
- Sprühkleber
- Schere
- Stecknadeln
- Maßband oder Lineal
- Hammer
- Tacker
- Bohrmaschine oder Akkuschrauber

Lampen-Pinnwand

- geblümten Baumwollstoff:
  - 1-mal Bezug: 65 cm x 105 cm
- Volumenvlies:
  - 1-mal zum Polstern: 50 cm x 100 cm
- Holzrest oder Spanplatte, 50 cm x 100 cm
- 2 kleine Wandlampen
- 2 Aufhänger
- Schraubenzieher
- Schere
- Maßband oder Lineal
- Tacker
- Bohrmaschine oder Akkuschrauber

Kleine Pinnwand

Um der Pinnwand einen voluminösen Charakter zu verleihen, zunächst ein dickes Volumenvlies auf die Vorderseite der Platte kleben. Hierzu die Holzplatte mit Sprühkleber einsprühen und das exakt zugeschnittene Volumenvlies aufkleben.

Den Stoff so zuschneiden, dass er an jede Seite ca. 7,5 cm breiter ist als die Holzplatte. Diesen mittig auf die Holzplatte legen und an der Rückseite festtackern. Dafür den Stoff zunächst an einer Seite befestigen. Dann die gegenüberliegende Seite strammziehen und ebenfalls festtackern. Bei den anderen beiden Seiten ebenso vorgehen. Dabei bitte darauf achten, dass sich das Muster nicht verzieht.

Die Satinbänder an der Rückseite ebenfalls mit einem Tacker befestigen. Dabei zunächst mit dem Band beginnen, das ca. 3 cm bis 4 cm von der Ecke entfernt befestigt werden soll. Dieses in diagonaler Laufrichtung sehr stramm ziehen. Dann den Abstand der übrigen Bänder festlegen (hier 8 cm) und deren Positionen mithilfe von Stecknadeln markieren. Wenn alle Bänder in einer Richtung angebracht wurden, kommen die mit der anderen

Tipps

Zusätzlich zu den Bändern bieten kleine Magnete, die man auf die Reißnägel setzt, die Möglichkeit, Zettel oder anderen Kleinkram an der Pinnwand zu befestigen. Kleben Sie dazu auf lackierten Holz-Halbkugeln kleine, besonders starke Magnete aus dem Bastelgeschäft. Statt der Holz-Halbkugeln können Sie natürlich auch Streuteile nehmen, die Sie in großer Auswahl in Bastelgeschäften, Papierwarenläden oder in den Bastelabteilungen vieler Baumärkte finden.

Beim Kauf der Reißzwecken sollten Sie unbedingt auf die Länge des Nagels oder Stifts achten, er muss lang und stabil genug sein!

Laufrichtung an die Reihe. Diese auf die gleiche Art und Weise fixieren. Unbedingt darauf achten, dass die Bänder im rechten Winkel zueinander liegen.

Wenn alle Satinbänder festgetackert wurden, durch die Kreuzungspunkte Reißzwecken oder Polsternägel hämmern.

Zum Schluss an der oberen Kante der Rückseite die Aufhänger fixieren.

Große Lampen-Pinnwand

Bei der großen Pinnwand muss man sich vor dem Beziehen der Holzplatte Gedanken über die Anbringung und die Lage der Lampen machen. Wahrscheinlich müssen dafür Löcher in die Platte gebohrt werden. Dies sollte vor dem Beziehen mit Stoff erledigt werden.

Ansonsten genauso wie bei der kleinen Pinnwand beschrieben vorgehen. Nur das Bespannen mit den Satinbändern fällt hier weg.

Für die Montage der Lampen müssen der Blumenstoff und das Volumenvlies lediglich leicht mit einer scharfen Schere oder einem Messer eingeschnitten werden, damit das Stromkabel durch das Holzbett nach hinten geführt werden kann. Diese Löcher werden anschließend von den Lampen verdeckt.

Material

- 3 Holzkästen mit Schubladen
- 4 Möbelrollen mit passenden Schauben
- Leimholzplatte
- Acryllack
- Montagekleber
- Pinsel oder Lackierrolle
- Bohrmaschine oder Akkuschrauber

Tipp

Wenn dieser Rollcontainer voll beladen ist, weist er ein ansehnliches Gewicht auf. Entscheiden Sie sich daher beim Kauf der Möbelrollen für rundum gummierte Rollen. Diese haben den Vorteil, dass sie auch bei größerem Gewicht keine Dellen in Holzfußböden hinterlassen.

Rollcontainer

In Baumärkten oder Möbelgeschäften gibt es Holzkästen mit unterschiedlichen Schubladeneinteilungen zu kaufen. Für den Rollcontainer zunächst drei Elemente streichen und anschließend mit Montagekleber übereinander kleben.

Unter das letzte Element eine Leimholzplatte kleben, an die vier Möbelrollen geschraubt werden. Solche Rollcontainer sehen farblich gestaltet sehr dekorativ aus und bieten tollen Stauraum für Hobbymaterialien oder Schreibtischutensilien.

Pflanzenregal

In das Regalbrett mit dem Lochsägenaufsatz zwei Löcher sägen. Der Durchmesser der Kreise ist genau auf die Größe der Blumentöpfe abgestimmt. In diese Aussparungen kann man natürlich auch kleine Gefäße für Stifte oder anderen Kleinkram stellen. Das ist nicht nur dekorativ, sondern auch praktisch: Der Schreibtisch bleibt so frei und aufgeräumt!

Dann sowohl das Regal wie auch die Töpfe lackieren und trocknen lassen. Beim Regal nach dem Trocknen eventuell einen Zwischenschliff durchführen und danach einen zweiten Lackauftrag durchführen.

Das Regal mit Dübeln, Schrauben oder passenden Aufhängern an der Wand befestigen.

Material

- 2 Regalkonsolen
- Regalbrett
- 2 Blumentöpfe oder Becher
- Acryllack
- Pinsel oder Lackierrolle
- Stichsäge (um ggf. das Regalbett auf die Größe der Regalkonsole zurechtzuschneiden)
- Bohrmaschine mit Lochsägenaufsatz

Tipps

In Baumärkten oder Möbelgeschäften gibt es eine Vielzahl von unterschiedlichen Regalen und Konsolen. Sie können natürlich auch ein einfaches Leimholzbrett nehmen und es nach Ihren Maßen zuschneiden lassen. Die Miniregale lassen sich alternativ auch schnell aus alten Holzresten zurechtsägen, die Sie im Keller herumliegen haben.

Falls Sie keine Bohrmaschine mit entsprechenden Aufsätzen haben, können Sie diesen Arbeitsgang auch in jeder Schreinerei erledigen lassen. Solche Löcher zu sägen ist schnell erledigt und kostet nicht viel.

Stimmen Sie die Breite des Regalbodens unbedingt auf die Breite der Konsole ab!

Der zu dieser Gestaltung passende Schreibtisch ist im Handumdrehen gearbeitet. Dazu habe ich eine alte Tischlerplatte, die bei mir im Keller stand, in einem exakt auf die Tapeten abgestimmten Gelbton gestrichen und Tischbeine untergeschraubt.

Material

- Möbelbezugsstoff
- alten Sessel
- Näh-Grundausstattung
- Tacker

Hinweis

Das Beziehen von alten Sesseln mit einem neuen Stoff ist etwas für Geübte. Wer sich an ein solches Projekt heranwagt, sollte ein wenig Näherfahrung mitbringen. Hier kann nur die grobe Vorgehensweise zur Herstellung eines neuen Sesselbezugs erklärt werden, da jede Sesselform anders ist, was eine detaillierte Beschreibungen leider unmöglich macht.

Sessel

Zuerst einen Papier- oder Nesselschnitt vom Sessel machen. Dazu Kopierpapier (Stoffabteilungen) oder alternativ Nesselstoff mit Nadeln auf dem Sessel feststecken und versuchen, die vorhandenen Nähte des alten Bezugs exakt „abzupausen". Dadurch erhält man verschiedene Schnittteile, die beschriftet und nummeriert werden sollten (zum Beispiel oben, unten, vorne, hinten).

Die entstandenen Schnittteile dann auf den neuen Bezugsstoff legen (Musterverlauf beachten!) und alle Nähte mit 1,5 cm Nahtzugabe anzeichnen. Für die untere Kante des Sessels ca. 3 cm bis 4 cm anschneiden.

Anschließend die einzelnen Teile rechts auf rechts aneinander nähen. In manchen Fällen wird es notwendig sein, die eine oder andere Naht erst nach dem Beziehen des Sessels zu schließen, abhängig von der Form des Sessels. Den Bezug zunächst nur zur Probe „anpassen" und eventuell Korrekturen vornehmen. Erst dann die Nahtzugaben auf 1 cm zurückschneiden und alle Rundungen bis kurz vor die Naht vorsichtig einschneiden. Das Einschneiden der Nähte ist sehr wichtig bei Sesseln mit vielen Rundungen, da sich sonst die Nähte nicht flach bügeln lassen und somit kleine Fältchen entlang der Nähte entstehen würden.

Dann alle Nahtzugaben auseinander bügeln und den Bezug über den Sessel ziehen. Hier sollte man sich besonders viel Mühe geben und wirklich alle Nähte deckungsgleich über die alten Sesselnähte ziehen. Die noch offene Naht, die beim Überstülpen des Bezuges noch nicht geschlossen werden kann, von Hand schließen.

Zum Schluss die untere Kante des neuen Bezuges mit einem Tacker am Sessel befestigen.

Zum Beziehen des Sitzpolsters ebenfalls ein Schnittmuster anfertigen und wie beschrieben vorgehen. Geübte Näherinnen können hier auf der Rückseite einen Reißverschluss (nicht mit in der Materialliste aufgeführt) einnähen.

Material

- Baumwollstoff
  - je 1-mal Vorder- und Rückseite: 32 cm x 32 cm
- Kissen-Inlett, 30 cm x 30 cm
- Näh-Grundausstattung

Kissen

Für die Kissenhülle entsprechend des Kissen-Inletts die Stoffteile mit jeweils 1 cm Nahtzugabe ringsum zuschneiden.

Die beiden Teile rechts auf rechts legen, die Kanten aufeinander steppen und dabei eine ca. 20 cm große Öffnung zum Wenden lassen.

Nach dem Nähen und Wenden der beiden Kissenteile die Ecken vorsichtig mit einer Schere herausdrücken, das Kissen-Inlett hineinstecken und die Öffnung von Hand zunähen.

Material

- geblümten Baumwollstoff:
  - 1-mal Rollo
  - 1-mal Beleg
- ggf. Vlieseline (bei sehr dünnem Ausgangsstoff):
  - 1-mal zum Verstärken des Belegs
- Dachlatte, 2 cm stark
- 3 Schrauben
- 3 Dübel
- Klettband
- 4 Ringschrauben
- runde, dünne Metallstange
- Schlaufenband
- dünnes Synthetikband
- Aufwickler
- Näh-Grundausstattung
- Tacker
- Bohrmaschine oder Akkuschrauber

Rollo

Um das Rollo an der Wand aufhängen zu können, zunächst eine rechteckige, 2 cm starke Dachlatte oberhalb des Fensters an der Wand montieren. Auf die Latte die raue Seite des Klettbandes tackern.

Beim Zuschneiden und Nähen der Rollos folgendermaßen vorgehen. Zunächst Länge und Breite des fertigen Rollos festlegen. In der Breite 8 cm und in der Länge 2,5 cm Nahtzugaben anschneiden.

Zum Verstürzen der unteren Kante benötigt man ein ca. 22 cm hohes und genauso breites Stück Stoff wie das eigentliche Rollo, man nennt dieses Schnittteil Beleg. Bei dünnen Stoffen muss der Beleg mit Vlieseline beklebt werden. Dann an diesem Schnittteil zunächst eine lange Seite ca. 1 cm nach links umbügeln und es dann rechts auf rechts auf das Rollo stecken.

Nun die Bogenkante anzeichnen (siehe Zeichnung 29), sie beginnt und endet 4 cm von den äußeren Kanten entfernt. Wie bei den Verarbeitungszeichnungen gezeigt (siehe Zeichnung 20) die zwei Schnittteile aufeinander steppen, die Nahtzugaben auf 5 mm zurückschneiden und die Teile wenden. Die Bogenkante sorgfältig mit einer Schere ausdrücken, bügeln und die bereits 1 cm breit umgebügelte Kante festnähen.

Unterhalb dieser Naht im Abstand von 3 cm eine zweite Naht steppen. So entsteht ein Tunnel, in den später die kleine Metallstange zum Beschweren des Rollos eingeschoben wird.

Die äußeren Kanten 4 cm nach innen umbügeln. Die obere Kante 1,5 cm nach links umbügeln, die weiche, flauschige Seite des Klettbandes darüber feststecken und sorgfältig festnähen.

Direkt in der Mitte und an den Seiten die Schlaufenbänder aufnähen. Die beiden äußeren Bänder verdecken die Schnittkanten des Stoffs. Die erste Schlaufe beginnt jeweils direkt am Tunnel!

Das Rollo nun an der Leiste befestigen. Um das Rollo raffen zu können, müssen jetzt noch drei kleine Ringschrauben zur Führung der Synthetikbänder eingeschraubt werden. Diese exakt über den Schlaufenbändern anbringen. Zusätzlich an einer Seite eine vierte Ringschraube einschrauben, durch die alle Bänder gemeinsam geführt und nach unten geleitet werden. Die Bänder ausreichend lang an die untersten Ösen des Schlaufenbandes knoten und diese dann durch die Schlaufenbänder und die Ösen führen.

Zum Schluss an einer Seite des Tunnels ein paar Stiche auftrennen und den Stab einschieben. Die Bänder auf eine Länge schneiden und zusammenknoten. Zum Aufwickeln der Bänder einen Aufwickler an die Wand bohren.

Tipp

In Gardinenabteilungen der Baumärkte, bei Innenausstattern und jedem Gardinenfachgeschäft können Sie sogenannte Rollo-Rohlinge kaufen. Diese Sets enthalten alle Materialien zur Herstellung eines Rollos, lediglich die Stoffauswahl bleibt Ihnen überlassen. Diese Rohlinge sind jedoch relativ teuer, müssen in den meisten Fällen bestellt werden und sind eventuell auch nicht in Ihrer Wunschbreite erhältlich oder herstellbar.

Material

- Stoffreste
- tiefe Bilderrahmen
- kleine Holzteile oder Erinnerungsstücke
- Schere
- Geodreieck oder Lineal
- Sprühkleber

Bilder-rahmen

Individuell auf die Stoffe der Zimmereinrichtung abgestimmte Bilder sind schnell gemacht und ausgesprochen dekorativ. Dazu Stoffreste mit Sprühkleber auf die Rückseite des Bilderrahmens kleben. Dabei am besten die Stoffe variieren.

Kleine Holzteile oder auch alte Erinnerungsstücke in die Rahmen stellen.

Baldachin

Der Baldachin über dem Bett besteht lediglich aus zwei verstürzten, rechteckigen Stoffstücken, drei Rundhölzern, die an jeder Seite ca. 1,5 cm breiter sind als der fertige Baldachin, und vier Ringschrauben. Länge und Breite des Betthimmels individuell auf das Bett und die Deckenhöhe abstimmen.

Auch die Position der drei Rundhölzer experimentell ermitteln. Hierzu den Abstand der Decke zum Bett oder der Dachschräge ausmessen, so die Lage der Rundhölzer festlegen und auf dem Stoff markieren.

Zum Verstürzen der beiden Stoffbahnen die Teile rechts auf rechts aufeinander legen und ringsum feststeppen. Nur an den zwei Stellen, an denen später die Stangen eingeschoben werden, die Steppnaht ca. 3 cm bis 4 cm unterbrechen. Nahtanfang und -ende hier gut verriegeln. Ebenfalls an eine ca. 25 cm große Öffnung zum Wenden des Baldachins denken. Nach dem Steppen die Ecken schräg abschneiden, die Teile nach rechts wenden und die Kanten bügeln.

Nun die Tunnel für die Rundholzstäbe von rechts auf den Stoff steppen. Tunnel erzielt man, wenn man zwei parallele Nähte exakt von einer Öffnung zur gegenüberliegenden Öffnung steppt. Der Abstand der beiden Steppnähte beträgt je nach Rundholzdurchmesser 3 cm bis 4 cm. Die untere Kante einschlagen und den Tunnel für das dritte Rundholz nähen.

Anschließend die Rundhölzer einschieben und in die an der Wand montierten Ringschrauben schieben.

Keilrahmen

Hier wurde ein einfacher Keilrahmen mit Stoffresten bezogen. Dazu den Keilrahmen mit Sprühkleber einsprühen und mit dem Stoff bekleben.

Den auf allen Seiten ca. 3,5 cm breit überstehenden Stoff an der Rückseite zunächst an zwei gegenüberliegenden Seiten festkleben. Erst dann die beiden anderen Seiten befestigen. Hierzu Flüssigkleber benutzen.

Material Baldachin

- geblümten Baumwollstoff:
  - je 1-mal Vorder- und Rückseite des Baldachins
- 3 Rundhölzer
- 4 Ringschrauben
- 4 Dübel
- Näh-Grundausstattung
- Bohrmaschine oder Akkuschrauber

Keilrahmen

- geblümten Baumwollstoff:
  - 1-mal Bild: 27 cm x 27 cm
- Keilrahmen, 20 cm x 20 cm
- Sprühkleber
- Flüssigkleber
- Schere
- Lineal

Tipps

Zwei quadratische Stoffstücke rechts auf rechts aufeinander legen, frei Hand eine Herzform aufzeichnen und anschließend aufeinander steppen, dabei eine Öffnung zum Wenden offen lassen. Die Nahtzugaben zurückschneiden, das Teil wenden, die Kanten mit einer Schere herausdrücken und bügeln. Das Herz mit Füllwatte füllen und die Öffnung von Hand zunähen. Ein Band von Hand an die obere Kante nähen.

Anstatt der Keilrahmen können Sie natürlich auch alte Holzreste verwenden.

Material

- geblümten Baumwollstoff:
  - 1-mal Bezug: 80 cm x 83 cm
  - 2-mal Stoffstreifen für die Paspeln: 80 cm x 3,5 cm
- einfarbigen Baumwollstoff:
  - 2-mal Kissen-Endstreifen: 80 cm x 23 cm
- Nackenrollen-Inlett: ø 24 cm, 85 cm lang
- Satinbänder, 2-mal 80 cm lang
- Näh-Grundausstattung

Tipp

Große Nackenrollen haben, je nach Hersteller, unterschiedliche Abmessungen. Diese Beschreibung gilt für Nackenrolle mit einem Durchmesser von 24 cm und einer Länge von 85 cm. Bei einer anderen Größe müssen Sie die Maße entsprechend anpassen.

Große Nackenrolle

Die einzelnen Schnittteile der Nackenrolle wie in der Materialliste angegeben zuschneiden.

Zunächst die Teilungsnähte steppen. Dazu die beiden einfarbigen Stoffteile rechts auf rechts an den Blumenstoff nähen und die Nahtzugaben auseinander bügeln.

Dann die offenen Schnittkanten des einfarbigen Stoffes einfassen (siehe Zeichnung 11). Dazu die 3,5 cm breiten Streifen jeweils an den beiden langen Seiten 7 mm nach links umbügeln. Dann jeden Streifen nochmals links auf links aufeinander bügeln. Den Kissenstoff zwischen die vorgebügelten Paspeln schieben und feststeppen.

Nach dem Einfassen der beiden schmalen Seiten das Schnittteil rechts auf rechts falten und die Längsnaht steppen. Die Nahtzugabe auseinander bügeln.

Die Nackenrolle einschieben und den Bezug mit Satinbändern zubinden.

Material

- geblümten Baumwollstoff:
  - 1-mal großes Mittelteil Vorderseite: 72 cm x 132 cm
  - 2-mal seitliches Mittelteil Vorderseite: 32 cm x 132 cm
  - 2-mal Kopfteil Vorderseite: 132 cm x 37 cm
- einfarbigen Baumwollstoff:
  - 1-mal Rückseite: 132 cm x 202 cm
- Stoffstreifen für die Paspeln: 4 cm x ca. 5,50 m
- aufbügelbares Volumenvlies:
  - 1-mal Vorderseite: 134 cm x 204 cm
- Näh-Grundausstattung

Tipp

Schneiden Sie sich erst nach Fertigstellung der Vorderseite das Volumenvlies und die Rückseite der Tagesdecke zu. Falls Sie beim Zusammennähen der einzelnen Schnittteile des Vorderteils ungenau gearbeitet haben, könnte sonst die exakt zugeschnittene Rückseite nicht mehr passen. Stecken Sie die Vorderseite mit Nadeln auf die Rückseite und schneiden Sie diese so zu.

Tagesdecke

Die Größe der Tagesdecke auf die Bettgröße abstimmen: Diese hier ist 130 cm x 200 cm groß und für ein 90 cm breites Bett gedacht. Die Decke sollte an beiden Bettseiten ca. 20 cm überhängen.

Die Tagesdecken-Vorderseite besteht aus einem größeren Mittelteil, zwei kleineren seitlichen Mittelteilen und je einem Kopfteil oben und unten. Alle Schnittteile ringsum mit 1 cm Nahtzugabe zuschneiden (in der Materialauflistung bereits enthalten).

Zwischen den Nähten Paspelstreifen mitfassen (siehe Zeichnung 13). Dazu die 3,5 cm breiten Stoffstreifen exakt links auf links bügeln. Dann die Schnittteile für das Mittelteil rechts auf rechts aufeinander steppen und die Paspelstreifen dabei mitfassen. Die Nahtzugaben in die Seitenteile bügeln und von oben knappkantig übersteppen.

Anschließend die beiden Kopfteile oben und unten rechts auf rechts an die Mittelteile nähen, auch hier wieder die Paspelstreifen mitfassen. Die Nahtzugaben in das Mittelteil bügeln und von rechts knappkantig absteppen.

Nun auf die gesamte Vorderseite der Decke Volumenvlies bügeln, welches ringsum ca. 1 cm übersteht.

Die Rückseite zuschneiden und beide Schnittteile rechts auf rechts aufeinander steppen, dabei das Volumenvlies mitfassen. Eine 40 cm breite Öffnung zum Wenden der Decke offen lassen. Die Nahtzugaben auf 5 mm zurückschneiden und die Ecken schräg abschneiden. Die Decke wenden, die Nähte bügeln und die Öffnung von Hand zunähen.

Nähzimmer

Vielleicht sind Sie ja in der glücklichen Lage, ein Zimmer alleine für Ihr Hobby zu reservieren, wie zum Beispiel dem Nähen? Welchem Hobby man sich auch widmet: Stauraum wird eigentlich immer benötigt und ordentlich aufgeräumt sieht`s einfach schöner aus! Besonders dann, wenn einem dafür so hübsche Helfer zur Verfügung stehen ... Die Dosen, Kisten und Bilder machen sich aber natürlich auch in jedem anderen Raum ausgesprochen gut.

Material

- karierten oder geblümten Baumwollstoff:
  - 1-mal Deckel
  - 1-mal Stoffstück für die Seiten
- Waschmittelkarton
- Sprühkleber
- Klebestift
- Flüssigkleber
- Schere
- Lineal
- Maßband

Überzogene Waschmittelkartons

Alte, stabile Waschmittelkartons lassen sich einfach und dekorativ mit Stoffresten bekleben (siehe Zeichnung 21).

Dazu für den Deckel ein Stoffstück zuschneiden, welches insgesamt 2 cm breiter und auch 2 cm länger ist als der Deckel samt Deckelrand. Für den unteren Teil des Kartons benötigt man ein Stoffstück, welches 2 cm breiter und 4 cm länger ist als der Karton.

Zunächst vom Karton die überstehenden Papplaschen abschneiden (Zeichnung 21a).

Dann den Deckel bekleben. Dazu die Oberseite mit Sprühkleber einsprühen und den Stoff so auf den Deckel legen, dass die Nahtzugabe an der hinteren Kante (Rückseite) 1 cm überlappt. Diesen Bereich mit einem Klebestift festkleben. Die Ecken vorsichtig 1 cm tief einschneiden (siehe Schere/Zeichnung 21b). Anschließend den Stoff an den Seiten des Deckels befestigen (Zeichnung 21c).

Für den unteren Teil des Kartons den Stoff entlang der oberen Kante 1 cm breit nach links umlegen und festkleben. Dann den Karton mit Sprühkleber einsprühen und den Stoff ringsum festkleben (Zeichnung 21d). Dabei eine offene Längsseite des Stoffes nach links einschlagen und über der anderen festkleben (Zeichnung 21e).

Den Stoff am Boden des Kartons zunächst an den beiden schmalen Seiten befestigen, dann die breiten Seiten falten und ebenfalls festkleben.

Material

- karierten oder geblümten Baumwollstoff:
  - 1-mal Dosenbezug
- Blechdose
- Schere
- Flüssigkleber
- Sprühkleber
- Lineal
- Maßband
- Bügeleisen

Tipps

Hier finden alte Konservendosen ein ganz neues Einsatzgebiet: Mit Stoff beklebt dienen sie als Behälter für Stifte, Pinsel, Scheren und anderen Utensilien. Variieren Sie bei der Stoffauswahl und stimmen Sie die Stoffe auf Gardinen (Reststücke) oder Polstermöbel ab. Dadurch erzielen Sie einen einheitlichen Gesamteindruck und das Zimmer wirkt perfekt.

Falls Sie keine Konservendosen zur Hand haben, können Sie auch alte Blumentöpfe oder andere runde Gefäße nehmen.

Stoffbezogene Dosen

Zunächst ein Stoffstück zuschneiden, welches insgesamt 3 cm höher und ca. 2,5 cm breiter ist als die Dose.

Die obere Kante 1 cm nach innen umbügeln und diese Nahtzugabe mit Klebstoff festkleben. Dann die Dose mit Sprühkleber einsprühen und den Stoff um die Blechdose legen. Dabei eine Längsseite 1 cm breit nach innen einschlagen und über die andere Stoffseite legen. Die umgebügelte, obere Kante schließt exakt mit der Oberkante der Dose ab.

Den Stoff an der unteren Kante mehrmals einschneiden oder kleine Dreiecke herausschneiden. Anschließend den Stoff am Dosenboden ebenfalls mit Flüssigkleber festkleben.

Material

- Karierten oder geblümten Baumwollstoff:
  - 1-mal Seitenteil
  - 1-mal Deckelbezug
  - 1-mal Stoffstreifen für die Schlaufe: 4,5 cm x 25 cm
- Litze oder Band
- Holzkasten
- 4 Möbelrollen
- ggf. Leimholzplatte
- Sperrholzplatte
- Acryllack
- Schrauben
- Sprühkleber
- Klebestift
- Flüssigkleber
- ggf. Montagekleber
- Näh-Grundausstattung
- Pinsel
- Tacker
- Bohrmaschine oder Akkubohrer

Rollcontainer

Alte Holzkisten, aber auch neue Kästen aus dem Baumarkt lassen sich schnell zu schmucken Rollcontainern umfunktionieren. Zunächst vier kleine Möbelrollen unter den Boden schrauben. Falls es sich um dünnes Sperrholz handelt, eine dickere Leimholzplatte in passender Größe unter die Kiste montieren oder gegebenenfalls auch mit Montagekleber festkleben.

Die Innenseite des Kastens mit Acryllack streichen.

Den Stoff folgendermaßen zuschneiden: In der Höhe zusätzlich zur Höhe des Kastens ca. 12 cm Nahtzugabe zugeben, beim Umfang des Kastens ca. 3 cm anschneiden.

Dann die Seiten des Kastens nacheinander einsprühen und den Stoff ringsum festkleben; hier unbedingt Seite für Seite vorgehen. Am Ende den überstehenden Stoff an einer Ecke nach links einschlagen und festkleben. Am Boden den Stoff ca. 1 cm breit festtackern.

Den Stoff an der oberen Kante nach innen in den Holzkasten einschlagen, an den Ecken zu einer Falte legen und mit Flüssigkleber und Sprühkleber festkleben. Die offenen Schnittkanten des Stoffs mit einer Litze oder einem Band überkleben.

Für den Deckel eine Sperrholzplatte zuschneiden, die exakt der Größe des Kastens entspricht. In die Mitte des Deckels zwei Löcher mit einem Durchmesser von 5 mm bohren. Der Abstand der beiden Löcher beträgt 1 cm.

Beim Stoffstück zum Beziehen des Deckels ringsum 4 cm zugeben. Die Oberseite der Holzplatte mit Sprühkleber einsprühen, den Stoff mittig auflegen und festkleben. Den überstehenden Stoff zur Unterseite umschlagen und zunächst zwei gegenüberliegende Seiten festkleben. Dann erst die beiden anderen Seiten befestigen, dabei den Stoff exakt an den Ecken falten. Die offenen Stoffkanten mit Bändern oder Litze überkleben.

Dann die Schlaufe nähen. Hierzu den Stoffstreifen zunächst an den langen Seiten jeweils 1 cm nach links umbügeln, anschließend nochmals zur Mitte bügeln und knappkantig feststeppen (Zeichnung 1). Nun die Position der Bohrlöcher am Deckel „ertasten“ und an diesen Stellen kleine Löcher in den Stoff schneiden. Die Einschnitte vorsichtig mit Flüssigkleber fixieren. Wenn der Klebstoff getrocknet ist, das Band durch die Öffnungen ziehen und an der Innenseite des Deckels jeweils zwei dicke Knoten binden.

Material

- karierten Baumwollstoff:
  - 1-mal Säckchen: 52 cm x 19 cm
  - 1-mal Stoffstreifen für den Aufhänger: 7,5 cm x 17 cm
- Litze, ca. 35 cm lang
- Näh-Grundausstattung

Tipp

Manche Kleinigkeiten oder liebgewordene Erinnerungsstücke sind viel zu schade, um sie in Schubladen verschwinden zu lassen. Ein tiefer Bilderrahmen, ein Miniregal oder auch ein Tablett lassen sich durch ein zusätzliches Brettchen und etwas Farbe im Handumdrehen zu einem kleinen Setzkasten umbauen. Dazu lediglich ein kleines Sperrholzbrettchen zuschneiden lassen, als Zwischenboden einkleben und zusätzlich an den Außenseiten mit kleinen Nägeln festnageln. Dekorativ an die Wand genagelt, finden hier nicht nur Knöpfe den rechten Platz. Die Kleinteile werden mit Sekundenkleber befestigt.

Stoffsäckchen

Kleine Stoffsäckchen kann man immer gebrauchen und sie finden an vielen Orten ihren Platz. Mit einem Aufhänger kann man sie an Hakenleisten, Türklinken oder Stühle hängen. Das Nähen dieser Säckchen ist denkbar einfach.

Dazu die schmalen Seiten 3 cm nach links umbügeln und feststeppen. Dann den Stoff rechts auf rechts legen und die Längsseiten aufeinander nähen. Die Tasche wenden, die Ecken vorsichtig mit einer Schere herausdrücken und die Kanten bügeln.

Die Litze über der Steppnaht feststecken und von Hand oder mit der Maschine annähen.

Für den Aufhänger den Stoffstreifen an den beiden langen Seiten jeweils 1 cm nach links umbügeln. Anschließend nochmals links auf links falten und mit der Nähmaschine knappkantig aufeinander steppen (siehe Zeichnung 1). Den Aufhänger mittig falten, 1 cm weit in das Säckchen schieben und feststeppen.

Material
Bilderrahmen

- karierten Baumwollstoff:
  - 1-mal Bilderrahmenbezug
- Band oder Zackenlitze (für die Rückseite)
- Tresse (für die Vorderseite)
- Pappbilderrahmen
- Schere
- Sprühkleber
- Flüssigkleber oder Heißklebepistole

Stehlampe

- geblümten Baumwollstoff:
  - 1-mal Lampenschirmbezug
- Lampenschirm in Weiß
- Litze oder Band
- Sprühkleber
- Klebestift
- Papier
- Lineal
- Schere
- Bleistift

Bilderrahmen

Bilderrahmen aus Pappe gibt es in den verschiedensten Größen und Ausführungen in Bastelgeschäften oder in den Bastelabteilungen der Baumärkte zu kaufen. Durch das Bekleben mit Stoffresten kann man sie ganz individuell gestalten.

Zunächst ein rechteckiges Stoffstück zuschneiden, welches ringsum ca. 3 cm größer als der Bilderrahmen ist. Dann die Konturen des Bildausschnitts auf den Stoff übertragen und diesen Bereich vorsichtig mit der Schere ausschneiden.

Den Bilderrahmen mit Sprühkleber einsprühen und die Vorderseite mit dem zurechtgeschnittenen Stoff bekleben. Den Bereich am Bildausschnitt nochmals exakt mit Flüssigkleber fixieren.

Dann den seitlich überstehenden Stoff nach hinten umschlagen und zunächst an zwei gegenüberliegenden Seiten festkleben. Anschließend die beiden anderen Seiten befestigen.

Auf der Rückseite die offenen Schnittkanten des Stoffs mit einem Band oder Zackenlitze überkleben, die Bildöffnung auf der Vorderseite mit Tresse bekleben. Hierfür Flüssigkleber oder eine Heißklebepistole verwenden und darauf achten, dass Anfang und Ende der Tresse exakt aneinander stoßen.

Stehlampe

Für die Lampe benötigt man einen weißen Lampenschirm, der mit Stoff überklebt wird.

Zunächst einen Papierschnitt herstellen. Dazu den Schirm auf einem großen Stück Papier abrollen und dabei entlang der oberen und unteren Kante kleine Markierungen auf dem Papier machen. An der Nahtstelle des fertigen Schirms beginnen und enden.

Den Papierschnitt ausschneiden, die Konturen auf den Stoff übertragen und an allen Kanten 1,5 cm Nahtzugabe anschneiden.

Dann den Lampenschirm mit Sprühkleber einsprühen. Den Stoff auflegen, exakt ausrichten und festkleben. Eine Längsseite 1,5 cm nach innen einschlagen und über die andere offene Kante kleben. Die Nahtzugaben an der oberen und untern Kante nach innen einschlagen und ebenfalls festkleben.

Über die offene Stoffkante an der Innenseite des Lampenschirms Litze oder ein dünnes Band kleben.

Küche & Esszimmer

Man ist, was man isst – und vielleicht auch, wie man isst. Denn zum Genuss gehört nicht nur ein lecker zubereitetes Essen, sondern auch ein liebevoll gedeckter Tisch. Zum individuellen Augenschmaus wird dieser mit selbst genähten Tischsets, Eierwärmern, Servietten und mehr. Passend dazu habe ich hübsche und praktische Küchenhelfer wie Handtuchhalter oder eine Schürze entworfen. Guten Appetit!

Frisch & fröhlich

In der Küche und im Esszimmer kommen Karo- und Streifenstoffe besonders schön zur Geltung. Sie wirken frisch und fröhlich und lassen sich mit einfarbigen und geblümten Stoffen problemlos kombinieren. Hier habe ich für die meisten Accessoires farblich aufeinander abgestimmte Geschirrtücher verwendet. Die Auswahl an Trockentüchern ist unendlich groß, sie sind in der Regel recht günstig und haben den Vorteil, dass sie meist qualitativ hochwertig und sehr waschbeständig sind. Häufig findet man in Kaufhäusern auch Geschirrtücher mit unterschiedlichen Mustern, aber in ähnlichen Farben. Diese lassen sich wunderbar miteinander kombinieren.

Material

- gepunkteten Baumwollstoff:
  - 1-mal Schürze: 96 cm x 66 cm
  - 1-mal Tasche: 24 cm x 40 cm
  - 1-mal Band für den Nacken: 6 cm x 50 cm
  - 2-mal Stoffstreifen für die Bindebänder: 6 cm x 80 cm
  - 2-mal Schrägstreifen für den Armausschnitt: 4 cm x 45 cm
- Näh-Grundausstattung

Tipp

Schrägstreifen werden in einem Winkel von 45° zur Stoffkante zugeschnitten. Der schräg zugeschnittene Stoff legt sich besser um runde oder geschwungene Kanten.

Schürze

Die Schürze laut Schnittmuster (siehe Zeichnung 24) zuschneiden.

Dann die beiden Armausschnitte einfassen (siehe Zeichnung 14). Dazu die schräg zugeschnittenen Stoffstreifen füßchenbreit (ca. 7 mm) rechts auf rechts an die Armausschnitte steppen. Den Streifen zunächst nur nach vorne umlegen und die Kante bügeln. Dann den Streifen um die Kante legen, mit Nadeln fixieren und knappkantig feststeppen.

Anschließend die obere und untere Kante der Schürze jeweils 5 cm nach links umbügeln und 4 cm breit festnähen.

Dann die Seiten zweimal 1 cm breit nach links einschlagen und feststeppen (siehe „Saum doppelt einschlagen", Seite 10).

Die Tasche an der oberen Kante 3 cm nach links umbügeln und 2,5 cm breit absteppen. Anschließend die anderen Kanten 1 cm nach links umbügeln und die Tasche mittig auf die Schürze stecken (Abstand zur untere Kante 35 cm). Die Tasche 1 mm bis 2 mm breit aufnähen und anschließend mit zwei senkrechten Stepplinien unterteilen.

Die Bänder wie bei den Verarbeitungszeichnungen erklärt (siehe Zeichnung 1 und 2) nähen und an die obere Kante beziehungsweise die beiden Seiten nähen.

Tischset

- kariertes Geschirrtuch oder Baumwollstoff:
  - 1-mal Vorderseite: ø 40 cm
- einfarbiges Geschirrtuch oder Baumwollstoff:
  - 1-mal Rückseite: ø 40 cm
- aufbügelbares Volumenvlies:
  - 1-mal für ein Stoffteil: ø 40 cm
- Näh-Grundausstattung

Tischset

Zunächst das Schnittmuster auf einem großen Stück Papier herstellen. Dazu in der Mitte des Papiers einen Punkt mit Bleistift markieren. Von diesem Punkt aus mit einem Maßband ringsum kleine Markierungen im Abstand von 20 cm auf das Papier zeichnen. Diese äußeren Punkte anschließend miteinander zum Kreis verbinden.

Den ausgeschnittenen Papierschnitt auf die Stoffe legen und ringsum mit 1 cm Nahtzugabe zuschneiden.

Den voluminösen Charakter erhält das Tischset durch aufgebügeltes Volumenvlies, welches auf eine Stoffhälfte gebügelt wird. Dabei bitte die aufgedruckten Herstellerangaben beachten und beim Bügeln ein Tuch darüber legen.

Nachdem alle Schnittteile zugeschnitten und mit Volumenvlies verstärkt wurden, das obere und untere Teil rechts auf rechts aufeinander steppen, dabei eine ca. 10 cm breite Öffnung zum Wenden offen lassen. Anschließend die Nahtzugaben auf ungefähr 2 mm bis 3 mm zurückschneiden, das Tischset nach rechts wenden und die Öffnung mit kleinen Stichen von Hand zunähen. Die Kanten bügeln.

Der wattierte und voluminöse Charakter wird nochmals unterstrichen, wenn man das Tischset ringsum 1 cm breit absteppt.

Tipps

Damit die Accessoires, die aus Geschirrtüchern gearbeitet sind, bei der ersten Wäsche nicht zu sehr einlaufen, sollten Sie die Geschirrtücher unbedingt vorher waschen oder mit einem Dampfbügeleisen dämpfen.

Die kreisrunden Tischsets im frischen Karolook lassen sich schnell nähen, hier kommen auch ungeübte Näherinnen zum Zuge.

Die Tischsets bestehen aus einem karierten Stoff auf der Oberseite, die Rückseite ist einfarbig. Das hat den Vorteil, dass sie bei Bedarf einfach umgedreht werden können und so ein vollkommen neues Erscheinungsbild abgeben.

Material

- gemustertes Geschirrtuch oder Baumwollstoff:
  - 2-mal Vorder- und Rückseite: 14 cm x 14 cm
  - 1-mal Stoffstreifen für den Aufhänger: 6 cm x 3,5 cm
- aufbügelbares Volumenvlies:
  - je 1-mal für jede Stoffseite: 14 cm x 14 cm
- Näh-Grundausstattung

Eierwärmer

Das Schnittmuster (siehe Zeichnung 34) kopieren, ausschneiden und ringsum mit 1 cm Nahtzugabe zweimal zuschneiden. Die linken Stoffseiten mit Volumenvlies bekleben. Dazu ein Bügeltuch verwenden und die aufgedruckten Herstellerangaben beachten.

Für den Aufhänger den Stoffstreifen an den beiden langen Seiten 1 cm nach links umbügeln, anschließend die Kanten nochmals zur Mitte falten, wieder bügeln und absteppen (siehe Zeichnung 1). Das fertige Band zu einer Schlaufe falten und mittig mit Nadeln auf einer Seite des Eierwärmers feststecken.

Dann beide Schnittteile rechts auf rechts aufeinander steppen, die Nahtzugaben knapp zurückschneiden und die Kante bügeln.

Zum Schluss die untere Kante 1 cm nach innen einschlagen und feststeppen. Diese Naht von der Innenseite des Eierwärmers her feststeppen oder gegebenenfalls von Hand nähen.

Material

- gestreiftes Geschirrtuch oder Baumwollstoff:
  - 1-mal Manschette: 20 cm x 21 cm
  - 2-mal Stoffstreifen für die Bindebänder: 4 cm x 30 cm
- einfarbigen Baumwollstoff:
  - 1-mal Serviette: 40 cm x 40 cm
- Vlieseline:
  - 1-mal Manschette: 20 cm x 21 cm
- Näh-Grundausstattung

Tipp

Damit der gedeckte Tisch bei einem ausgedehnten Sonntagsfrühstück auch wirklich perfekt aussieht, wurden hier Eierwärmer, Tischsets, Servietten, Serviettenmanschetten und auch kleine Namensschilder aus farblich aufeinander abgestimmten Stoffen genäht. Setzen Sie mit kleinen roten Vasen und frischen Blumen farbliche Akzente.

Serviette mit Manschette

Bei dünnen Stoffen empfiehlt es sich, Vlieseline auf die linke Stoffseite der Serviettemanschette zu bügeln. Dabei die aufgedruckten Herstellerangaben beachten und ein Bügeltuch benutzen.

Anschließend das Schnittteil an beiden langen Seiten rechts auf rechts falten und ringsum 1 cm breit aufeinander steppen, dabei eine 5 cm bis 6 cm breite Öffnung zum Wenden offen lassen. Die Nahtzugaben auf 5 mm zurückschneiden und die Ecken schräg abschneiden. Die Manschette durch die Öffnung wenden, die Ecken mit einer stumpfen Schere vorsichtig herausdrücken und die Kanten bügeln. Die Öffnung mit einigen Handstichen zunähen.

Nun die Bindebänder nähen (siehe Zeichnung 2) und mittig an die Seiten der Manschette steppen.

Für die Serviette die Nahtzugaben des einfarbigen Baumwollstoffs zweimal ca. 1 cm breit nach links umbügeln und feststeppen (siehe „Saum doppelt einschlagen", Seite 10).

Material

- kariertes Geschirrtuch oder Baumwollstoff:
  - 1-mal Namensschild: 9 cm x 11 cm
- Pappe: 7 cm x 9 cm
- Papier
- 2 verschiedene Bänder, jeweils 25 cm lang
- Seidenblümchen
- farbigen Filzstift
- Klebestift
- Schere
- Zackenschere
- Lochzange

Tipp

Wer mag, kann die Stoffkanten auf der Rückseite mit Bändern überkleben. In dem Fall würde man etwas mehr Band benötigen.

Namensschild

Für die Namensschilder können sehr kleine Stoffreste verwendet werden. Zunächst die Pappe 7 cm x 9 cm groß zuschneiden.

Den Stoff ringsum 1 cm breiter zuschneiden und mit einem Klebestift auf die Pappe kleben. Den überstehenden Stoff an der Rückseite festkleben.

Mit einer Lochzange in die obere Kante ein Loch stanzen. Mit einer Zackenschere ein kleines Stück Papier zuschneiden, beschriften und mit den verschiedenen Bändern befestigen.

Material

- karierten Baumwollstoff oder Geschirrtuch:
  - 1-mal als Bezug: 20 cm x 63 cm
- Volumenvlies:
  - 1-mal zum Polstern: 10 cm x 53 cm
- Holzbrett, 10 cm x 53 cm
- 2 Aufhänger
- flache Holzleiste, 2 cm x 51 cm
- 2 Holzkugeln, ø 2 cm
- 2 Holz-Halbkugeln, ø 1 cm
- 5 Sturm-Holzwäscheklammern
- Acryllack
- Sprühkleber
- 2 Nägel
- Hammer
- Pinsel
- Bohrmaschine mit Holzbohrer
- Tacker

Handtuchhalter

Für den Handtuchhalter das Brett mit Sprühkleber einsprühen und das Volumenvlies aufkleben.

Anschließend den Stoff über die Vorderseite des Bretts legen und auf der Rückseite festtackern.

Anschließend die Holzkugeln, die Holz-Halbkugeln, die Wäscheklammern und die Leiste mit Acryllack streichen.

Durch beide Kugeln und durch beide Enden der Leiste jeweils ein Loch bohren und diese übereinander mit jeweils einem Nagel auf dem Brett festhämmern. Über die Nagelköpfe die lackierten Holz-Halbkreise kleben und auf der Rückseite die Aufhänger montieren.

Material

- gestreifte Geschirrtücher oder Baumwollstoff:
  - je 1-mal Vorder- und Rückseite: 28 cm x 38 cm
  - 1-mal Stoffstreifen für den Aufhänger: 4 cm x 9 cm
- Volumenvlies:
  - je 1-mal Vorder- und Rückseite: 28 cm x 38 cm
- Näh-Grundausstattung (Nähmaschine mit Führungslineal)

Tipp

Hier wurden die beiden Stoffhälften mit Volumenvlies verstärkt und anschließend abgesteppt. Wem dieser Arbeitsschritt zu aufwendig ist, der kann auch lediglich das Volumenvlies aufbügeln und dann die beiden Teile miteinander verstürzen. Sie können natürlich auch auf fertigen Steppstoff zurückgreifen.

Kochhandschuh

Das Schnittmuster für den Kochhandschuh kopieren (siehe Zeichnung 33) und zweimal gegengleich mit 1 cm Nahtzugabe aus Stoff zuschneiden.

Jeweils auf die linke Stoffseite der beiden Kochhandschuhhälften Volumenvlies aufbügeln. Hierzu ein Bügeltuch benutzen und die aufgedruckten Herstellerangaben beachten.

Dann den Stoff im Abstand von 3 cm absteppen. Dazu in der Mitte der Schnittteile eine schräge Stepplinie mit Schneiderkreide aufzeichnen, sie verläuft in einem 45°-Winkel zur Stoffkante. Die weiteren Linien im Abstand von 3 cm unter Zuhilfenahme eines Führungslineals absteppen. Zunächst alle Stepplinien für eine Richtung nähen. Anschließend wieder eine Linie mit Schneiderkreide aufzeichnen, die im rechten Winkel zu den bereits fertigen Nähten liegt, und dann die Stepplinien, die in die andere Richtung laufen, absteppen.

Nun die Aufhänger nähen. Dazu den Stoffstreifen an den langen Seiten jeweils 1 cm nach links umbügeln, anschließend nochmals zur Mitte bügeln und absteppen (siehe Zeichnung 1).

Die Vorder- und die Rückseite bis auf die obere Kante ringsum rechts auf rechts aufeinander steppen. Die Nahtzugaben auf 2 mm bis 3 mm zurückschneiden, den Handschuh wenden, die Rundungen vorsichtig mit einer Schere herausdrücken und die Kanten bügeln. Die obere Kante 1 cm nach links einschlagen und feststeppen.

Den Aufhänger innen an die Seitennaht des Kochhandschuhs stecken und knappkantig feststeppen.

Material

- gemusterte Geschirrtücher oder Baumwollstoff:
  - 1-mal Säckchen: 45 cm x 29 cm
  - 2-mal Stoffstreifen für den Aufhänger: 4 cm x 20 cm
  - 1-mal Stoffstreifen für den Beleg
- Holzbuchstaben
- Acryllack
- Sekundenkleber
- Näh-Grundausstattung
- Pinsel

Tipp

Diese kleinen Säckchen, mit einem Buchstaben versehen und an einen Haken gehängt, können wertvolle Dienste leisten. Hier weiß jeder, welches zu ihm gehört. In den Säckchen können Pausenbrote, Nachrichten oder andere Kleinigkeiten untergebracht werden, Verwechslungsgefahr ausgeschlossen! Die Säckchen sind schnell genäht, hier kommen auch gern Stoffreste zum Einsatz.

Säckchen

Zunächst das Schnittteil für das Säckchen rechts auf rechts falten und an den beiden Seitennähten aufeinander nähen. Das Teil wenden und die Ecken vorsichtig mit einer Schere herausdrücken.

Die Stoffstreifen für die Schlaufen an den beiden langen Seiten 1 cm nach links umbügeln, anschließend die Kanten nochmals zur Mitte falten, bügeln und absteppen (siehe Zeichnung 1). Die fertigen Bänder zu Schlaufen falten und mittig mit Nadeln auf der Vorder- und Rückseite des Säckchens feststecken.

Nun die obere Kante nochmals mit einem Maßband ausmessen und einen Stoffstreifen von ca. 5 cm Breite und der ausgemessenen Länge plus 2 cm Nahtzugabe zuschneiden. Den Stoffstreifen rechts auf rechts zum Ring zusammennähen und die Nahtzugabe auseinander bügeln. Den Streifen dann rechts auf rechts an die obere Kante steppen, die Nahtzugaben knapp zurückschneiden, nach innen einschlagen und die Kante bügeln. Den Beleg anschließend feststeppen.

Die weiß lackierten Holzbuchstaben mit Sekundenkleber auf die Vorderseite des Säckchens kleben.

Material

- einfarbigen Baumwollstoff:
  - 1-mal für den Untergrund: 55 cm x 65 cm
- verschiedene gemusterte Baumwollstoffe und Geschirrtücher für die Rauten
- Volumenvlies:
  - 1-mal zum Polstern: 55 cm x 65 cm
- Vliesofix:
  - 1-mal für die Rauten: 70 cm x 80 cm
- Holzbrett, 40 cm x 50 cm
- Satinband, ca. 4 m lang
- Polsternägel oder Reißzwecken
- 2 Aufhänger
- Papier (für das Schnittmuster)
- Sprühkleber
- Schere
- Stecknadeln
- Geodreieck oder Lineal
- Hammer
- Bügeleisen
- Tacker
- Bohrmaschine oder Akkuschrauber

Tipps

Zusätzlich zu den Bändern bieten kleine Magnete, die man auf Reißnägel setzt, die Möglichkeit, Zettel oder anderen Kleinkram an der Pinnwand zu befestigen. Kleben Sie dazu auf lackierte Holz-Halbkugeln kleine, besonders starke Magnete aus dem Bastelgeschäft. Anstatt der Halbkugeln können Sie natürlich auch Streuteile nehmen, die Sie in großer Auswahl in Bastelgeschäften, Papierwarenläden oder in den Bastelabteilungen vieler Baumärkte finden.

Beim Kauf der Reißzwecken sollten Sie auf die Länge des Nagels oder Stifts achten, er sollte lang und stabil genug sein!

Pinnwand

Um der Pinnwand einen voluminösen Charakter zu verleihen, zunächst Volumenvlies auf die Vorderseite des Brettes kleben. Hierzu die Holzplatte mit Sprühkleber einsprühen und das exakt zugeschnittene Volumenvlies aufkleben.

Vliesofix auf die linke Stoffseite der verschiedenfarbigen Stoffe kleben und laut Schnittmuster (siehe Zeichnung 32) Rauten zuschneiden.

Nach dem Zuschneiden das Trägerpapier abziehen und die Rauten auf den Hintergrundstoff bügeln. Mit dem Aufbügeln der Rauten exakt in der Mitte beginnen und sich dann nach außen vorarbeiten. An den Rändern die Rauten halbieren. Das Aufbügeln der Rauten sollte sehr sorgfältig erfolgen! Die Rauten überlappen sich dabei ca. 1 mm. Ein nochmaliges Übersteppen der Rautenkanten mit einem kleinen, dicht eingestellten Zickzackstich wäre von Vorteil.

Wenn die gesamte Fläche des Hintergrundstoffes mit Rauten beklebt ist, den Stoff über das Holzbrett legen und auf der Rückseite festtackern. Den Stoff dabei zunächst an einer Seite befestigen und dann die gegenüberliegende Seite stramm ziehen. Bei den beiden anderen Seiten genauso vorgehen. Darauf achten, dass sich das Muster nicht verzieht.

Die Satinbänder ebenfalls an der Rückseite mit einem Tacker befestigt, sie verdecken die offenen Schnittkanten der Rauten. Die Bänder dafür sehr stramm, diagonal von einer Seite zur anderen, spannen und festtackern. Zuerst alle Bänder in einer Richtung anbringen, dann die in der anderen.

Durch die Kreuzungspunkte der Bänder Reißzwecken oder Polsternägel hämmern. An der oberen Kante der Rückseite die Aufhänger anbringen.

Material

- gemusterte Geschirrtücher oder Baumwollstoff:
  - je 1-mal Vorder- und Rückseite
  - 1-mal Stoffstreifen für den Aufhänger: 4 cm x 10 cm
- Volumenvlies
- Näh-Grundausstattung (Nähmaschine mit Führungslineal)

Tipp

Hier wurden die beiden Stoffteile nach dem Verstärken mit Volumenvlies abgesteppt. Wem dieser Arbeitsschritt zu aufwendig ist, der kann auch lediglich das Volumenvlies aufbügeln und dann die beiden Teile miteinander verstürzen. Sie können natürlich auch auf fertigen Steppstoff zurückgreifen.

Topflappen

Zunächst auf die linke Stoffseite der beiden Topflappenhälften Volumenvlies aufbügeln.

Dann den Stoff im Abstand von 3 cm absteppen. Dazu in der Mitte der Schnittteile eine schräge Stepplinie mit Schneiderkreide aufzeichnen, sie verläuft in einem 45°-Winkel zur Stoffkante. Die weiteren Linien im Abstand von 3 cm unter Zuhilfenahme eines Führungslineals absteppen. Zunächst alle Stepplinien für eine Richtung nähen. Anschließend wieder eine Linie mit Schneiderkreide aufzeichnen, die im rechten Winkel zu den bereits fertigen Nähten liegt, und dann die Stepplinien, die in die andere Richtung laufen, absteppen.

Nun den Aufhänger nähen. Dazu den Stoffstreifen an den langen Seiten jeweils 1 cm nach links umbügeln, anschließend nochmals zur Mitte bügeln und absteppen (siehe Zeichnung 1). Den Aufhänger auf eine Ecke einer Topflappenhälfte stecken und knappkantig feststeppen.

Dann die Vorder- und Rückseite rechts auf rechts aufeinander nähen, dabei eine 5 cm bis 6 cm breite Öffnung zum Wenden offen lassen. Die Nahtzugaben auf 2 mm bis 3 mm zurückschneiden, den Topflappen wenden, die Rundungen vorsichtig mit einer Schere herausdrücken und die Öffnung mit einigen Handstichen zunähen. Die Kanten bügeln.

Material
- einfarbigen Baumwollstoff:
  - 2-mal Lehnenbezug
- Satinband, 4-mal 25 cm lang
- Seidenblümchen
- Näh-Grundausstattung

Stuhlhusse

Einfache Klappstühle lassen sich durch einen Bezug der Rückenlehne schnell aufpeppen. Dazu die Rückenlehne auf ein großes Stück Papier legen und die äußeren Konturen mit einem Stift nachzeichnen. Das Schnittteil mit der Schere ausschneiden, auf den Stoff auflegen und zweimal ringsum mit 1 cm Nahtzugabe zuschneiden.

Die beiden Schnittteile nun an drei Seiten (obere Kante und beide Seitennähte) rechts auf rechts aufeinander steppen, dabei an den Seitennähten ca. 7 cm der Naht für die Schlitze offen lassen. Die Nahtzugaben im zusammengesteppten Bereich auf 2 mm bis 3 mm zurückschneiden, die Kanten bügeln.

Die Nahtzugaben entlang der unteren Kante und entlang der Schlitze 1 cm nach links umbügeln. Alle Kanten nun füßchenbreit absteppen.

Die Satinbänder festnähen und zu Schleifen binden. Das Seidenblümchen ebenfalls von Hand festnähen.

Badezimmer

Von der Nasszelle zur Wohlfühl-Oase, dieser Weg ist nicht weit. Mit liebevoll genähten oder mit Stoffen aufgepeppten Badezimmeraccessoires verwandeln Sie Ihr Badezimmer in Ihre persönliche Wellness-Landschaft, in der es sich nach einem hektischen Tag herrlich entspannen lässt. Und auch der Start in den Tag fällt in so einem hübsch dekorierten Bad leichter!

Wohlfühl-Oase

Ein einfarbiges Badezimmer lässt sich durch die Auswahl eines farbigen Stoffes individuell gestalten. Hier wurde ein Blumenstoff gewählt, der die Farbe der Fliesen und des Fußbodens widerspiegelt. Aus diesem Stoff, einem dezent kariertem und weißem Waffelpiqué habe ich wertvolle Helfer genäht, die für Ordnung im gesamten Badezimmer sorgen. Lassen auch Sie sich von dem romantischen Badezimmer begeistern!

Material

- Waffelpiqué:
  - 2-mal Oberteil: 24 cm x 7 cm
  - 2-mal großes Seitenteil: 24 cm x 9 cm
  - 2-mal kleines Seitenteil: 14 cm x 9 cm
- Vlieseline:
  - 2-mal Oberteil: 24 cm x 7 cm
  - 2-mal großes Seitenteil: 24 cm x 9 cm
  - 2-mal kleines Seitenteil: 14 cm x 9 cm
- Schrägband, vorgefalzt, ca. 70 cm lang
- Näh-Grundausstattung

Husse für rechteckige Kosmetiktücherbox

Zunächst die Schnittteile wie in der Materialliste angegeben zuschneiden. Dann alle Teile nach Herstellerangaben auf der linken Stoffseite mit Vlieseline bekleben. Das verstärkt den Stoff, macht ihn steifer und er erhält damit etwas mehr Standfestigkeit.

Mit dem Einfassen der inneren Kanten der beiden Oberteile beginnen. Dazu die 24 cm lange Stoffseite zwischen das vorgefalzte Schrägband schieben und mit Nadeln feststecken, die breitere Seite liegt dabei unten (siehe Zeichnung 11). Das Schrägband knappkantig feststeppen.

Nun die beiden Oberteile rechts auf rechts an die 14 cm langen Seitenteile nähen. Hierbei am Anfang und Ende der Naht jeweils 1 cm offen lassen (Nahtzugabe). Die Nähte auseinander bügeln.

Anschließend die beiden 24 cm langen Seitenteile an die Oberteile nähen. Beim Steppen dieser Nähte immer exakt am letzten Stich der vorangegangenen Naht beginnen und enden. Die Nähte auseinander bügeln.

Anschließend die Seitennähte schließen. Dabei direkt am Kreuzungspunkt der vorangegangenen Nähte beginnen. Auch diese Nähte wieder bügeln, die Ecken bis auf 2 mm schräg abschneiden und mit einer Schere vorsichtig herausdrücken.

Die untere Kante 1 cm breit nach innen einschlagen und feststeppen.

Material

- Waffelpiqué:
  - 2-mal Oberteil: 14 cm x 6,5 cm
  - 2-mal großes Seitenteil: 14 cm x 13,5 cm
  - 2-mal kleines Seitenteil: 13 cm x 13,5 cm
- Vlieseline:
  - 2-mal Oberteil: 14 cm x 6,5 cm
  - 2-mal großes Seitenteil: 14 cm x 13,5 cm
  - 2-mal kleines Seitenteil: 13 cm x 13,5 cm
- Schrägband, vorgefalzt, ca. 80 cm lang
- Zackenlitze, ca. 100 cm lang
- Näh-Grundausstattung

Tipp

Kosmetiktücher-Boxen gibt es in unzähligen Dessins und auch in unterschiedlichen Größen. Nicht immer passen die Muster aber in jedes Bad. Waffelpiqué wurde hier eingesetzt, um der Pappschachtel ein neues Gesicht zu verleihen. Die Farbe Weiß passt sich jeder Einrichtung an und ist zudem zeitlos.

Husse für quadratische Kosmetiktücherbox

Zunächst die Schnittteile wie in der Materialliste angegeben zuschneiden. Dann alle Waffelpiqué-Teile auf der linken Stoffseite mit Vlieseline versehen. Dabei an den Herstellerhinweisen orientieren. Das verstärkt den Stoff, macht ihn steifer und er erhält damit etwas mehr Standfestigkeit.

Dann geht es an das Nähen der Husse: Dabei mit dem Einfassen der inneren Kanten der beiden Oberteile beginnen. Dazu die 14 cm lange Stoffseite zwischen das vorgefalzte Schrägband schieben, die breitere Seite des Schrägbandes liegt unten! Mit Nadeln feststecken und das Band knappkantig feststeppen (siehe Zeichnung 11).

Nun die beiden Oberteile rechts auf rechts an die kleinen Seitenteile nähen. Hierbei am Anfang und Ende der Naht jeweils 1 cm offen lassen (Nahtzugabe). Die Nähte auseinander bügeln.

Anschließend die großen Seitenteile an die Oberteile nähen. Beim Steppen dieser Nähte immer exakt am letzten Stich der vorangegangenen Naht beginnen beziehungsweise enden. Die Nähte auseinander bügeln.

Nun die Seitennähte schließen. Hierbei direkt am Kreuzungspunkt der vorangegangenen Nähte beginnen. Auch diese Nähte wieder bügeln, die Ecken bis auf 2 mm schräg abschneiden und mit einer Schere vorsichtig herausdrücken.

Zum Schluss die untere Kante mit Schrägband einfassen (siehe Zeichnung 12). Dazu, wie bereits erklärt, das Band knappkantig um die offene Stoffkante legen und feststeppen. Anschließend ringsum Zackenlitze aufsteppen, aus der übrig gebliebenen Zackenlitze zwei Schleifen binden und von Hand seitlich annähen.

Material

- Waffelpiqué:
  - 2-mal Boden: ø 20 cm
  - 2-mal Seitenteil
- feste Vlieseline:
  - 2-mal Boden: ø 20 cm
- vorgefalztes Schrägband, ca. 100 cm lang
- Näh-Grundausstattung

Tipps

Dieses Objekt ist eher etwas für geübte Näherinnen.

Die Säckchen können Sie natürlich auch in anderen Größen arbeiten. Ich habe zum Beispiel auch ein kleineres Säckchen mit einem Bodendurchmesser von 16 cm genäht.

Waffelpiqué-Säckchen

Dieses Säckchen besteht eigentlich aus zwei ineinander geschobenen Teilen, die an der oberen Kante mit Schrägband eingefasst werden.

Zunächst zwei Stoffkreise mit 20 cm Durchmesser zuschneiden und nach Herstellerangaben die Vlieseline aufbügeln.

Den Umfang der Kreise ausmessen und zwei Stoffstreifen von ca. 25 cm Höhe und der ermittelten Länge zuschneiden. Hierbei neben den 2 cm Nahtzugabe auch einige Zentimeter Mehrweite hinzugeben.

Dann jeweils den Stoffstreifen rechts auf rechts an den mit Vlieseline beklebten Boden des Säckchens stecken. Beim Nähen, am Anfang der Naht, die Nahtzugabe nicht feststeppen, sondern diese 1 cm offen lassen!

Die Seitennaht erst nach dem Feststeppen des Bodens schließen. Die eventuell angeschnittene Mehrweite auf 1 cm zurückschneiden und die Nahtzugabe auseinander bügeln.

Die beiden fertigen Teile des Säckchens links auf links ineinander schieben und an der oberen Kante mit Schrägband einfassen. Dazu das Band um die Stoffkanten legen, die breitere Seite des Schrägbandes liegt unten. Das Band knappkantig von oben feststeppen (siehe Zeichnung 12).

Aus Resten des Schrägbandes eine kleine Schleife binden und von Hand an das Säckchen nähen.

Material

- geblümten Baumwollstoff:
  - 2-mal Seitenteil: 36 cm x 53 cm
  - 1-mal Mittelteil: 40 cm x 140 cm
  - 2-mal Beleg: 40 cm x 20 cm
  - 1-mal Band: 8 cm x 94 cm
- Wäscheständer (z. B. von IKEA)
- 4 Knöpfe
- Tasse oder Glas
- Näh-Grundausstattung

Tipp

Den Wäscheständer gibt es bereits fertig zu kaufen. Durch einen schönen Stoff wird dieses Teil jedoch zum nützlichen „Hingucker“ für Ihr Badezimmer. Kaufen Sie sich ein fertiges Gestell und nähen Sie dafür einen neuen Sack.

Wäscheständer

Zuerst den vorhandenen Sack vom Holzgestell abknöpfen.

Für den Wäschesack so vorgehen: Zunächst die beiden Seitenteile zuschneiden, dabei jeweils die unteren Kanten abrunden. Hierzu eine Tasse oder ein Glas zur Hilfe nehmen.

Dann jeweils die obere Kante zunächst 1 cm, anschließend nochmals 11 cm nach links umbügeln und knappkantig feststeppen.

Die beiden Schnitteile rechts auf rechts an das Mittelteil nähen. Dazu jeweils die Mittellinien der einzelnen Teile markieren und diese dann ringsum aneinander steppen. Die Nahtzugaben zu einer Seite bügeln.

Nun auf den Belegen die Aussparungen für den Griff anzeichnen (siehe Zeichnung 25). Die gegenüberliegende Stoffkante 1 cm nach links umbügeln. Dann die Belege am Mittelteil feststecken (siehe Zeichnung 23).

Mit dem Nähen am letzten Stich der Seitennaht beginnen und auf der gegenüberliegenden Seite wieder am letzten Stich enden. Dann die Nahtzugaben auf 2 mm zurückschneiden, die Ecken schräg abschneiden, die Belege wenden und die Kanten bügeln. Die offenen Kanten des Belegs entlang der Teilungsnaht nach links einschlagen und mit kleinen Handstichen von Hand festnähen.

Diesen Bereich nochmals mit der Maschine übersteppen. Dann die bereits vorgebügelte Kante des Belegs ebenfalls knappkantig feststeppen (siehe Zeichnung 23).

Anschließend die Knopflöcher mittig, ca. 1,5 cm von der oberen Kante entfernt, schräg in die Belege einarbeiten. Die Knöpfe werden 12 cm unterhalb der Belegkante festgenäht.

Damit der Ständer nicht zusammenbricht, wird zwischen die beiden unteren Streben ein Band gespannt. Das Band wie bei den Verarbeitungszeichnungen ersichtlich (siehe Zeichnung 1) nähen, die fertige Bandlänge beträgt 90 cm.

Material

- bestickten Baumwollstoff:
  - 1-mal: 100 cm x 31 cm
- Vlieseline, Reste (zur Verstärkung der Knopflöcher)
- Satinband, 5 mm breit, 2-mal 80 cm lang
- Sicherheitsnadel
- Näh-Grundausstattung

Wäschebeutel

Zunächst vier Knopflöcher in den Wäschebeutel einarbeiten. Dazu deren exakte Lage markieren: Die Knopflöcher liegen ca. 17 cm unterhalb der oberen Kante der schmalen Stoffseiten und jeweils ca. 2,5 cm von den Seitenkanten entfernt. Die Länge der Knopflöcher beträgt ca. 1 cm.

Die linke Stoffseite mit Vlieselineresten bekleben. Die Knopflöcher mit der Maschine einnähen, dabei an der Bedienungsanleitung der Nähmaschine orientieren.

Anschließend die schmalen Seiten des Wäschebeutels 10 cm nach links umbügeln. Die vorgebügelten Seiten wieder aufschlagen und die Seitennähte des Beutels rechts auf rechts aufeinander steppen. Die Nahtzugaben auseinander bügeln.

Dann die vorgebügelte obere Kante wieder nach innen einschlagen und den Tunnel für das Satinband steppen. Die beiden parallelen Stepplinien für den Tunnel müssen so breit wie die Knopflöcher sein, das heißt, dass eine Stepplinie jeweils oberhalb und die andere unterhalb der Knopflöcher verlaufen muss.

Zum Schluss die beiden Satinbänder mit einer Sicherheitsnadel einziehen. Die Bänder jeweils an einer Seitennaht durch ein Knopfloch fädeln, einmal ringsum einziehen und am gegenüberliegenden Knopfloch wieder ausführen.

Zum Schluss jeweils den Anfang und das Ende der Satinbänder verknoten.

Material

- geblümten Baumwollstoff:
  - 1-mal Rückseite: 50 cm x 70 cm
  - 2-mal Vorderseite: 25 cm x 70 cm
  - 2-mal Stoffstreifen für die Kanten: 4,5 cm x 70 cm
  - 4-mal Stoffstreifen für die Schleifen: 4 cm x 40 cm
- Vlieseline:
  - 1-mal Rückseite: 50 cm x 70 cm
- Volumenvlies:
  - 2-mal Vorderseite: 25 cm x 70 cm
- Kleiderbügel aus Holz, ca. 43 cm bis 45 cm breit
- Näh-Grundausstattung (Nähmaschine mit Führungslineal)
- Glas oder Tasse

Tipps

Ein Wäschesack mit einem Kleiderbügel findet Platz in jedem Bad. Nicht nur an der Heizung, sondern auch an der Tür leistet er täglich gute Dienste. Hier lassen sich schnell kleine Wäschestücke verstauen und komfortabel zur Waschmaschine transportieren. Er nimmt keinen Platz weg und wirkt durch die Auswahl eines schönen Stoffes, den Sie individuell auf die Farben Ihres Badezimmers abstimmen, auch sehr dekorativ. Ein platzsparender, dekorativer und praktischer Wäschebeutel speziell für kleine Bäder.

Es gibt im Stoffhandel auch fertig wattierte Stoffe, die das Nähen dieses Wäschebeutels natürlich vereinfachen und beschleunigen. Sie können auch komplett auf den wattierten Effekt verzichten und die beiden Vorderteile lediglich durch Aufbügeln mit Vlieseline verstärken.

Wattierter Wäschesack mit Haken

Zunächst die Rückseite grob zuschneiden und die Vlieseline laut Herstellerangaben aufbügeln.

Dann den Kleiderbügel mittig auflegen und die Konturen der oberen Kante vorsichtig mit einem Bleistift nachzeichnen. Die unteren Ecken des Stoffstücks mithilfe einer Tasse oder eines Glases abrunden. Das rückwärtige Teil entlang der aufgezeichneten Markierungen zuschneiden.

Die Form der Rückseite ebenfalls auf die beiden Vorderteile übertragen und diese dementsprechend zuschneiden. Auf die beiden Vorderteile Volumenvlies kleben. Dabei das Vlies vorsichtig mit einem Tuch aufbügeln und an den Herstellerhinweisen orientieren.

Für den plastischen Effekt die rechte Stoffseite übersteppen. Dazu in der Mitte der Schnittteile eine schräge Stepplinie mit Schneiderkreide aufzeichnen, sie verläuft in einem 45°-Winkel zur Stoffkante. Die weiteren Linien im Abstand von 3 cm unter Zuhilfenahme eines Führungslineals (Zubehör der Nähmaschine) absteppen. Zunächst alle Stepplinien für eine Richtung nähen. Anschließend wieder eine Linie mit Schneiderkreide aufzeichnen, die im rechten Winkel zu den bereits fertigen Nähten liegt, und dann die Stepplinien, die in die andere Richtung laufen, absteppen.

Nach Fertigstellung der Steppnähte die vorderen Kanten einfassen. Hierzu die Stoffstreifen zunächst 1 cm breit rechts auf rechts jeweils an die vordere Kante steppen, nach vorne umbügeln, um die Kante legen und von der rechten Seite aus knappkantig absteppen.

Die beiden fertigen Vorderteile rechts auf rechts auf die Rückseite legen und ringsum aufeinander steppen. Die Nahtzugaben in den Rundungen vorsichtig einschneiden und mit einer Schere herausdrücken. Die Kanten flach bügeln.

Die Bänder wie bei den Schemazeichnungen erklärt (Zeichnung 2) nähen und ca. 16 cm von der unteren Kante sowie direkt unterhalb des Hakens annähen.

Zum Schluss den Kleiderbügel einschieben und die Schleifen binden.

Material

- geblümten Baumwollstoff:
  - je 1-mal für die Vorder- und Rückseite: 80 cm x 45 cm
  - 1-mal Tasche: 17 cm x 19 cm
  - 2-mal Tasche: 11 cm x 12 cm
  - 1-mal Tasche: 23 cm x 40 cm
  - 3-mal Tasche: 18 cm x 12 cm
  - 1-mal Stoffstreifen für die Schlaufen: 10 cm x 40 cm
- feste Vlieseline
  - je 1-mal für die Vorder- und Rückseite: 80 cm x 45 cm
- Kleiderbügel aus Holz, ca. 43 cm bis 45 cm breit
- Näh-Grundausstattung

Utensilo

Ein Utensilo mit Kleiderbügel findet Platz in jedem Bad. Die kleinen, aufgenähten Taschen bieten praktischen Stauraum für allerlei Kleinkram. Zunächst die Vorder- und Rückseite nur grob zuschneiden und die Vlieseline laut Herstellerangaben aufbügeln.

Dann den Kleiderbügel mittig auflegen und die Konturen der oberen Kleiderbügelkante vorsichtig mit einem Bleistift nachzeichnen. Vorder- und Rückseite dementsprechend zuschneiden.

Die beiden Schnittteile rechts auf rechts aufeinander legen und ringsum feststeppen (siehe Zeichnung 15). Dabei jedoch oben, exakt in der Mitte, eine 1,5 cm breite Öffnung für den Kleiderhaken und an einer Seite eine 20 cm bis 25 cm breite Öffnung zum Einschieben des Kleiderbügels und zum Wenden offen lassen. Die Nahtzugaben auf 2 mm zurückschneiden, das Teil durch die Öffnung wenden, die Ecken vorsichtig mit einer Schere herausdrücken und die Kanten flach bügeln. Den Bügel einschieben, den Haken durch die obere Öffnung führen und die offene Kante an der Seite von Hand zunähen.

Nun die einzelnen Taschen aufnähen. Die jeweilige Lage dem Foto und der Verarbeitungszeichnung (siehe Zeichnung 15) entnehmen. Die Vorgehensweise beim Nähen ist bei allen Taschen identisch: Die obere Kante der Tasche zunächst 2 cm nach links umbügeln und 1,5 cm breit von rechts absteppen. Dann zunächst die beiden Seiten, anschließend auch die untere Kante 1 cm nach links umbügeln. Die Taschen mit Nadeln auf dem Utensilo feststecken und knappkantig aufnähen. Nahtanfang und -ende sorgfältig verriegeln. Die große Tasche durch zwei Längsnähte unterteilen. Das Band verstürzen (siehe Zeichnung 4) und in Schlaufen feststeppen.

Material

- Waffelpiqué:
  - 2-mal Boden: 23 cm x 15 cm
  - 4-mal kleines Seitenteil: 10 cm x 15 cm
  - 4-mal großes Seitenteil: 10 cm x 23 cm
- feste Vlieseline:
  - 2-mal Boden: 23 cm x 15 cm
  - 4-mal kleines Seitenteil: 10 cm x 15 cm
  - 4-mal großes Seitenteil: 10 cm x 23 cm
- vorgefalztes Schrägband, 100 cm lang
- Näh-Grundausstattung

Gästetücherbox

Diese Gästetücher-Box ist etwas für geübte Näherinnen! Sie besteht eigentlich aus zwei Boxen, die nach dem Nähen ineinander geschoben und an der oberen Kante mit Schrägband eingefasst werden.

Vor dem Nähen alle Schnittteile auf der linken Stoffseite mit Vlieseline bekleben. Dazu bitte die aufgedruckten Herstellerangaben beachten.

Pro Box zunächst die beiden größeren Seitenteile rechts auf rechts an den Boden steppen. Hierbei am Anfang und Ende die Naht jeweils 1 cm offen (Nahtzugabe) lassen. Die Nähte auseinander bügeln.

Anschließend die beiden schmalen Seitenteile an den Boden nähen. Beim Steppen dieser Nähte immer exakt am letzten Stich der vorangegangenen Naht beginnen und enden. Die Nähte auseinander bügeln.

Dann die Seitennähte schließen. Dabei direkt am Kreuzungspunkt der vorangegangenen Nähte beginnen. Auch diese Nähte wieder bügeln, die Ecken bis auf 2 mm schräg abschneiden und mit einer Schere vorsichtig herausdrücken. So für die innere und die äußere Box vorgehen.

Nach dem Nähen die beiden Boxenteile links auf links ineinander schieben und die oberen, noch offenen Schnittkanten mit 2 mm Abstand zum Rand aufeinander steppen. Dann diese Kante ringsum mit dem vorgefalzten Schrägband (siehe Zeichnung 12) einfassen. Dazu das Band um die Stoffkante legen, die breitere Schrägbandseite liegt unten. Das Band nun knappkantig von oben feststeppen.

Zum Schluss aus Resten des Schrägbandes eine kleine Schleife binden und von Hand an die Box nähen.

Material

- Frottee:
  - je 1-mal Vorder- und Rückseite: 19 cm x 23 cm
- geblümten Baumwollstoff:
  - 1-mal Streifen für den Aufhänger: 4 cm x 12 cm
  - 1-mal Streifen für die Blende
- Näh-Grundausstattung

Waschlappen

Aus Frotteeresten lässt sich schnell ein Waschlappen nähen. Hierzu die zwei Frotteestücke rechts auf rechts aufeinander steppen, das Teil wenden und die Kanten bügeln.

Aus einem kleinen, 4 cm x 12 cm großen Stoffstreifen ein Band herstellen (siehe Zeichnung 1) und knappkantig an eine Innenseite des Waschlappens steppen.

Nun die obere Kante an der Innenseite des Waschlappens ausmessen und einen Stoffstreifen in dieser Länge zuzüglich 2 cm Nahtzugabe und 8 cm breit zuschneiden. Eine lange Seite des Stoffstreifens zunächst 1 cm nach links umbügeln. Nun den Stoffstreifen zum Ring schließen, mit der nicht umgebügelten Seite rechts auf links in den Waschlappen schieben und an die obere Kante steppen (siehe Zeichnung 17). Die Nahtzugaben zurückschneiden, den Stoffstreifen nach vorne umschlagen und die obere Kante bügeln. Die vorgebügelte Kante des Streifens mit Nadeln feststecken und knappkantig absteppen.

Material Kosmetiktasche

- karierten Baumwollstoff:
  - je 1-mal Vorder- und Rückseite: 20 cm x 29 cm
  - 2-mal Mittelteil/Reißverschlussbereich: 5,5 cm x 22 cm
  - 1-mal Mittelteil: 9 cm x 73 cm
- einfarbigen Baumwollstoff (für das Futter):
  - je 1-mal Vorder- und Rückseite: 20 cm x 29 cm
  - 2-mal Mittelteil/Reißverschlussbereich: 5,5 cm x 22 cm
  - 1-mal Mittelteil: 9 cm x 73 cm
- Volumenvlies:
  - je 1-mal Vorder- und Rückseite: 20 cm x 29 cm
  - 2-mal Mittelteil/Reißverschlussbereich: 5,5 cm x 22 cm
  - 1-mal Mittelteil: 9 cm x 73 cm
- Kunststoffreißverschluss, 22 cm lang
- Applikation
- Glas oder Tasse
- Näh-Grundausstattung (Nähmaschine mit Führungslineal)

Schmucksäckchen

- karierten Baumwollstoff:
  - 1-mal Säckchen: 36 cm x 10 cm
- Satinbänder, 2-mal 20 cm lang
- Näh-Grundausstattung

Tipp

Für die Kosmetiktasche können Sie gerne auch fertigen Steppstoff verwenden. Dann geht das Nacharbeiten schneller und einfacher.

Kosmetiktasche

Zunächst die Seitenteile der Kosmetiktasche laut Materialangabe zuschneiden. Dann alle vier Ecken mithilfe eines Glases oder einer Tasse abrunden.

Das Volumenvlies auf die linke Stoffseite aller Schnittteile bügeln und diese absteppen. Hierbei folgendermaßen vorgehen: In der Mitte des Schnittteils eine schräge Stepplinie mit Schneiderkreide aufzeichnen, sie verläuft in einem 45°-Winkel zur Stoffkante. Die weiteren Linien im Abstand von 3 cm absteppen, und zwar durch Zuhilfenahme eines Führungslineals (Zubehör der Nähmaschine). Zunächst alle Stepplinien für eine Richtung nähen. Anschließend wieder eine Linie mit Schneiderkreide aufzeichnen, die im rechten Winkel zu den bereits fertigen Nähten liegt, und dann wie gehabt die Stepplinien arbeiten.

Beim Nähen folgendermaßen vorgehen: Die beiden kleinen Mittelteile (Reißverschlussbereich) an einer langen Seiten 1 cm nach links umbügeln. Den Reißverschluss unter die umgebügelten Kanten legen und mit einem Reißverschlussfüßchen (Zubehör der Nähmaschine) feststeppen (siehe Zeichnung 7).

Nun eine schmale Seite des langen Mittelteils rechts auf rechts an das Reißverschlussmittelteil steppen. Die Nahtzugaben ins lange Teil bügeln. Die andere Seite des langen Mittelteils noch offen lassen (siehe Zeichnung 7)!

Anschließend das Mittelteil rechts auf rechts an die Vorder- und Rückseite steppen. Dazu ist es notwendig, dass an allen Schnittteilen die Mittellinien markiert und übereinander festgesteckt werden. Die Nahtzugaben in die Vorder- und Rückseite bügeln.

Ganz zum Schluss die noch offene Naht zwischen den Mittelteilen schließen. Die überschüssige Länge auf 1 cm Nahtzugabe zurückschneiden und ins lange Schnittteil bügeln.

Alle Arbeitschritte, abgesehen vom Einnähen des Reißverschlusses, für das Futter wiederholen. Dann die Futtertasche links auf links in die wattierte Kulturtasche stecken und die Nahtzugabe von Hand am Reißverschlussband festnähen.

Zum Schluss die Applikation auf die Vorderseite nähen.

Schmucksäckchen

Dieses kleine Schmucksäckchen ist schnell genäht. Zunächst die beiden schmalen Seiten zweimal knappkantig nach links umbügeln und feststeppen (siehe „Saum doppelt einschlagen“, Seite 10).

Anschließend den Stoffstreifen rechts auf rechts falten und an den Seiten aufeinander steppen. Das Säckchen wenden, die Ecken vorsichtig mit der Schere herausdrücken und die Kanten bügeln. Anschließend die obere Kante des Säckchens ca. 5 cm nach vorne umbügeln.

Ein Satinband an die hintere, obere Kante nähen, das andere Band entsprechend an die Vorderseite.

Material

- karierten Baumwollstoff:
  - 2-mal Stoffstreifen (für die Umrandung)

  oder
  - 1-mal Boden (für den Einsatz)
  - 4-mal Seitenteil (für den Einsatz)
- Weidenkorb
- Näh-Grundausstattung

Tipp

Die Weidenkörbe unter dem Waschbecken bieten Stauraum für vielerlei Sachen. Hier können nicht nur Handtücher, sondern auch Putzmittel oder anderer Kleinkram untergebracht werden. Besonders hübsch sehen die Körbe mit einem Stoffeinsatz aus. Die geübte Näherin schlägt die Körbe komplett mit Stoff aus, diejenigen, die sich nicht ganz so viel Mühe machen möchten, nähen lediglich eine karierte Stoffumrandung.

Weidenkörbe

Für die **Stoffumrandung** zunächst den äußeren Umfang der oberen Korbkante ausmessen. Zu dieser Länge 2 cm Nahtzugabe hinzurechnen. Dann zwei Stoffstreifen mit einer Breite von 30 cm bis 40 cm und der ermittelten Länge zuschneiden.

Die Streifen jeweils zum Ring zusammennähen und die Naht auseinander bügeln. Anschließend die Streifen entlang einer langen Seite rechts auf rechts aufeinander steppen. Die Nahtzugaben knapp zurückschneiden, das Teil wenden und die Kante bügeln. Die beiden Stoffstreifen an der offenen Kante knappkantig aufeinander steppen.

Nun die Stoffumrandung in den Korb stecken und etwa 10 cm bis 15 cm als Krempe über die Außenseite legen. An den Ecken den Stoff zu einer kleinen Falte legen und mit einigen Handstichen festnähen. Den Stoff an der Innenseite des Korbes ebenfalls mit kleinen Handstichen festnähen.

Für den **Stoffeinsatz** zunächst den Boden innerhalb des Korbes ausmessen und dementsprechend das Schnittteil mit ringsum 1 cm Nahtzugabe zuschneiden.

Anschließend den Umfang der oberen Korbkante ausmessen. Diesen Betrag durch vier teilen und entsprechend dieses Maßes vier trapezähnliche Schnittteile zuschneiden. Diese Schnittteile entsprechen auf der einen Seite jeweils der Länge des Bodenschnittteils, die gegenüberliegende Seite ist so lang wie die zuvor errechnete Länge, das heißt ein Viertel der Gesamtlänge zuzüglich Nahtzugabe.

Die Höhe dieses Teils ist von der Korbhöhe abhängig, die Höhe der Krempe beträgt ungefähr 10 cm bis 15 cm. Dieses Schnittteil wird ringsum mit 1 cm Nahtzugabe zugeschnitten.

Nach dem Zuschneiden aller Teile zunächst das erste Seitenteil rechts auf rechts an den Boden nähen, dabei Nahtanfang und -ende 1 cm offen lassen (wegen der Nahtzugabe). Anschließend das zweite Seitenteil ansteppen. Hier am letzten Stich der vorangegangenen Naht beginnen und am Ende wieder 1 cm offen lassen. So bei allen vier Seitenteilen vorgehen. Die Nähte flach bügeln.

Jetzt die Seitennähte steppen. Bei diesen Nähten immer am letzten Stich der vorangegangenen Naht beginnen. Die Nahtzugaben auseinander bügeln. Den Stoffeinsatz an der oberen Kante 2 cm nach links einschlagen und feststeppen.

Nun den Stoffsack in den Korb stecken und etwa 10 cm bis 15 cm als Krempe über die Außenseite ziehen. An den Ecken den Stoff zu einer kleinen Falte legen und mit einigen Handstichen festnähen.

Material

- geblümten Baumwollstoff, Reste
- Satinband, Reste
- Pappe:
  - 1-mal Vorderseite: 13 cm x 10 cm
  - 1-mal Rückseite: 12, 5 cm x 9,5 cm
- farbiges Papier:
  - 1-mal Rückseite: 12,5 cm x 9,5 cm
- Lochzange
- Schere
- Sprühkleber
- Klebestift
- Geodreieck oder Lineal
- Tapetenmesser oder Cutter

Tipp

Nicht nur Muscheln wirken in Badezimmern sehr dekorativ, auch fleißig gesammelte Steine zeigen hier ihre Wirkung.

Schilder für Weidenkörbe

Mit dem Tapetenmesser oder Cutter aus der Papp-Vorderseite ein rechteckiges Loch mit den Maßen 7 cm x 4 cm herausschneiden. Die Pappe als Schablone für den Stoff verwenden und das Stoffteil an der inneren und äußeren Kante mit jeweils 1 cm Nahtzugabe ringsum zuschneiden.

Den Stoffrest mit Sprühkleber auf die Pappe kleben. Den Stoff an den äußeren Kanten nach hinten umschlagen und festkleben, dann den Stoff an den inneren Ecken vorsichtig einschneiden, nach hinten umschlagen und ebenfalls festkleben.

Die Pappe für die Rückseite eventuell noch mit farbigem Papier bekleben und von hinten gegen die stoffbezogene Vorderseite kleben. Mit einer Lochzange oder einem Nagel ein Loch einschlagen und das Satinband durchfädeln, mit dem das Schildchen an den Korb gebunden wird.

Garten, Balkon & Terrasse

Wenn die Sonne vom Himmel lacht und die Tage wieder länger werden, dann zieht es uns nach draußen, in unser „zweites Wohnzimmer": in den Garten, auf den Balkon oder auf die Terrasse. Dort trifft man sich zum gemütlichen Kaffeeplausch oder zu langen Grillabenden mit Freunden. Mit hübschen Stoffaccessoires wie selbst genähten Tischläufern oder Auflagen für die Gartenstühle wird das Ganze gleich noch mal so gemütlich. Und auch das Gartenhäuschen freut sich über eine kleine Rundumerneuerung – mithilfe von romantischen Kissen oder einem Rollo aus geblümtem Stoff.

Fröhlich gestreift

Die Saison hat begonnnen! Heißen Sie den Frühling mit einer Gartenparty willkommen. Nach einem langen Winter kommt nun endlich wieder Farbe in den Garten. Nicht nur Blumen tragen dazu bei, auch farbenfrohe Auflagen, Tischläufer oder eine Wimpelgirlande lassen die trüben Tage des Winters vergessen. Ein „Pflanzfest“, kombiniert mit der ersten Feier unter freiem Himmel, bildet einen wunderbaren Auftakt in die Freiluftsaison.

Material

- gestreiften Baumwollstoff:
  - 1-mal Tischläufer: 55 cm x 140 cm
- Näh-Grundausstattung

Tipps

Wem Briefecken zu aufwendig sind oder zu kompliziert erscheinen, der kann den Saum natürlich auch nur 2 cm breit anschneiden, dann zweimal nach links einschlagen und feststeppen (siehe „Saum doppelt einschlagen", Seite 10).

Einfarbige Tischläufer lassen sich durch das Aufsteppen von farbigen Bändern und Litzen aufpeppen.

Tischläufer

Dieser gestreifte Tischläufer ist schnell genäht. Die Streifen in Regenbogenfarben lassen grenzenlose Kombinationen mit verschiedenen Tischdecken zu. Die Ecken werden als Briefecken genäht. Absteppungen mit einem Zickzackstich verleihen dem Läufer seine individuelle Note.

Und so wird er genäht: Mit einem Geodreieck die doppelte Saumbreite, 10 cm, anzeichnen. Den Saum bis zur angezeichneten Linie links auf links bügeln. Die diagonale Linie laut Zeichnung mit Schneiderkreide oder einem Bleistift anzeichnen. Das Schnittteil rechts auf rechts falten, die diagonale Linie aufeinander stecken und festnähen. Die Spitze bis auf 5 mm abschneiden und auseinander bügeln. Die abgesteppte Briefecke wenden, die Ecke vorsichtig mit einer Schere herausdrücken und nochmals von links bügeln (siehe Zeichnung 16).

Dann den Saum von der rechten Seite ringsum mit Nadeln feststecken und mit einem Zickzackstich oder einem anderen Zierstich etwa 4 cm breit absteppen.

Material

- gestreiften Baumwollstoff:
  - 2-mal Rückenlehne: 47 cm x 36 cm
  - 1-mal Sitzkissen: 72 cm x 36 cm
  - 8-mal Stoffstreifen für die Bindebänder: 4 cm x 40 cm
- dickes, aufbügelbares Volumenvlies:
  - 2-mal Rückenlehne: 49 cm x 38 cm
  - 1-mal Sitzkissen: 74 cm x 38 cm
- Näh-Grundausstattung

Gartenstuhlauflage

Diese Auflage besteht aus einem Rückenlehnenteil und einem Sitzkissenteil. Diese werden zunächst separat genäht und anschließend durch eine Naht miteinander verbunden. Das Streifenmuster verläuft einmal in waagerechter und einmal in senkrechter Richtung. Das Kissen wird durch zwei seitliche Schleifen und durch zwei Schleifen an der oberen Kante des Rückenlehnenteils festgebunden.

Die Bänder folgendermaßen nähen: Zunächst eine schmale Seite 1 cm breit nach links umbügeln. Anschließend die beiden langen Seiten ebenfalls 1 cm nach links umbügeln. Den Stoffstreifen zur Mitte falten und die Kanten knappkantig aufeinander steppen (siehe Zeichnung 2).

Anschließend die übrigen Schnittteile mit Volumenvlies bekleben. Dieses ringsum ca. 1 cm breiter zuschneiden, damit es beim Verstürzen mitgefasst wird.

Nach dem Aufbügeln das große Schnittteil für die Sitzfläche rechts auf rechts aufeinander legen, mit Nadeln feststecken und die Seitennähte steppen. Die hintere Kante bleibt zum Wenden offen! Nach dem Steppen die Nahtzugaben an den Seitennähten knapp zurückschneiden, die Ecken schräg abschneiden und das Sitzkissen wenden. Die Ecken an der vorderen Kante vorsichtig mit einer Schere herausdrücken und bügeln. Die hintere, offene Kante nun knappkantig (2 mm bis 3 mm breit) aufeinander steppen.

Nun das Rückenlehnenteil nähen. Auch hier die Schnittteile zunächst mit Volumenvlies bekleben. Dann bei einem der beiden Schnittteile vier Bänder an der oberen Kante feststecken. Dabei liegen immer zwei Bänder übereinander, der Abstand zu den Außenkanten beträgt 7 cm.

Dann die Vorder- und Rückseite des Rückenteilpolsters rechts auf rechts aufeinander stecken, die Bänder liegen innen. Die beiden Schnittteile an den beiden Seiten sowie an der oberen Kante aufeinander steppen. Die Nahtzugaben zurückschneiden, die Ecken schräg abschneiden, die Schnitteile wenden und die Kanten bügeln. Die offene Kante wieder knappkantig aufeinander steppen.

Zum Schluss das Rückenlehnenteil und das Sitzkissenteil aneinander steppen. Die Naht bügeln. Jeweils zwei Bänder links und rechts an die Nahtzugaben der Teilungsnaht nähen.

Material

- farbige Baumwollstoffe:
  - 12-mal gestreifte Wimpel
  - 6-mal Wimpel in Rot
  - 4-mal Wimpel in Gelb
- vorgefalztes Schrägband, ca. 300 cm bis 400 cm lang
- Näh-Grundausstattung

Tipps

Farbenfrohe Wimpelgirlanden lassen sich toll aus Stoffresten nähen. Sie können für die Vorder- und Rückseite eines Wimpels auch unterschiedliche Stoffe verwenden, diese sollten dann jedoch blickdicht sein. Die Wimpelgirlande übersteht auch mal einen kleinen Regenschauer, sie muss nicht jeden Abend abgehängt und ins Haus geholt werden. Soll die Girlande jedoch komplett wasserfest sein, sollten Sie sie aus Wachstuch (Tischdecken) arbeiten.

Ungeübte Näherinnen können die Wimpel auch lediglich nur mit einer Zackenschere zuschneiden (die beiden Schnittteile liegen dabei übereinander) und diese dann links auf links aufeinander steppen.

Wimpelgirlande

Eine Wimpelgirlande aus Stoffresten setzt tolle farbliche Akzente im Garten und auf dem Balkon. Sie lässt sich aus farblich aufeinander abgestimmten Stoffresten schnell nähen. Die einzelnen Wimpel (siehe Zeichnung 27) bestehen jeweils aus zwei miteinander verstürzten Teilen, die nach dem Nähen zwischen das vorgefalzte Schrägband geschoben und dann festgesteppt werden.

Dazu jeweils zwei Wimpelteile rechts auf rechts aufeinander stecken und an drei Seiten aufeinander steppen. Die obere, kurze Kante bleibt zum Wenden offen. Die Nahtzugaben sehr knapp zurückschneiden, die Ecken schräg abschneiden und die Wimpel wenden. Die Ecken vorsichtig mit einer Schere herausdrücken und die Kanten bügeln. Die obere, offene Kante knappkantig (2 mm bis 3 mm breit) aufeinander nähen.

Wenn alle Wimpel fertig genäht sind, diese im Abstand von 7,5 cm zwischen das vorgebügelte Schrägband stecken. Die Länge des Bandes richtet sich nach den örtlichen Gegebenheiten, am Anfang und Ende des Bandes aber genug Platz zum Festbinden an Bäumen oder Mauerhaken lassen. Die Kanten des Schrägbandes aufeinander steppen, dabei alle Wimpel mitfassen.

Auf Rosen gebettet

Wie wär`s mit ein wenig Romantik im Garten? Zwei dicht aneinander geschobene Teakholz-Liegen mit dicken Auflagen wirken wie ein Bett unter freiem Himmel und laden hier zu einem kleinen Nickerchen zu zweit ein. Der weiße „Moskitonetz-Himmel" schafft eine romantische Kulisse vor grünem Hintergrund. Kissen sorgen für Gemütlichkeit und Liegekomfort.

Material

- karierten Baumwollstoff:
  - 1-mal: Rückseite, 42 cm x 42 cm
  - 1-mal: Vorderseite oben: 42 cm x 12 cm
  - 1-mal Vorderseite unten: 42 cm x 37 cm
- geblümten Baumwollstoff:
  - 1-mal Blende: 42 cm x 12 cm
  - 3-mal Stoffstreifen für Bindebänder: 4 cm x 20 cm
- Kissen-Inlett, 40 cm x 40 cm
- Näh-Grundausstattung

Kariertes Kissen mit Bändern

Dieses Kissen wird aus zwei karierten Stoffstücken, einer geblümten Blende und drei Bindebändern genäht.

Zunächst die geblümte Blende rechts auf rechts an das obere Vorderteil nähen. Die Nahtzugaben in die Blende bügeln. Dann die Nahtzugabe der gegenüberliegenden Seite der Blende ebenfalls nach links umbügeln. Diese Kante nun mit Nadeln über der Steppnaht feststecken und knappkantig festnähen (siehe Zeichnung 22).

Nun die schmale Seite des Karostoffs für das untere Kissenteil zunächst 1 cm, anschließend nochmals 5 cm breit nach links umbügeln und feststeppen.

Die beiden Teile für die Vorderseite so aufeinander legen, dass man auf eine Gesamtlänge von 42 cm kommt. Die äußeren Kanten knappkantig aufeinander feststeppen. Dann die Vorder- und die Rückseite des Kissens rechts auf rechts legen und entlang der Außenkanten aufeinander nähen. Den Bezug wenden, die Ecken vorsichtig mit einer Schere herausdrücken und die Kanten bügeln.

Nun die Bänder nähen. Dazu die langen Seiten 1 cm nach links umbügeln, anschließend den Stoffstreifen nochmals links auf links falten und die Kanten aufeinander nähen (siehe Zeichnung 1).

Die fertigen Bänder knappkantig an die Blende und auf das untere Kissenteil steppen. Der Abstand zu den Seiten beträgt 3,5 cm. Das Kissen-Inlett in den Bezug stecken und die Bänder zuknoten.

Material

- gestreiften Baumwollstoff:
  - 1-mal Rückseite: 42 cm x 42 cm
  - 4-mal Vorderseite: 12 cm x 42 cm
  - 3-mal Stoffstreifen für die Paspelstreifen: 3,5 cm x 42 cm
- Kissen-Inlett, 40 cm x 40 cm
- Näh-Grundausstattung

Gestreiftes Kissen

Beim Zuschnitt der vorderen Kissenteile den Streifenverlauf beachten. Zwei Schnittteile verlaufen in waagerechter, zwei Schnitteile in senkrechtem Musterverlauf. Die Paspelstreifen so zuschneiden, dass sie schräg zur Stoffkante verlaufen.

Zunächst die Paspelstreifen links auf links aufeinander bügeln (siehe Zeichnung 13). Dann eine fertige Paspel auf ein vorderes Kissenteil steppen, die offenen Kanten liegen übereinander. Die Nahtbreite beträgt ca. 2 mm bis 3 mm. Darüber das zweite, vordere Kissenteil legen, die rechten Stoffseiten liegen aufeinander. Alle Teile 1 cm breit aufeinander steppen.

Nach dem Nähen das zweite Kissenteil nach vorne umschlagen und die Naht bügeln. So bei allen Teilen des vorderen Kissenteils vorgehen.

Nach Fertigstellung der vorderen Bezugsseite die Vorder- und Rückseite rechts auf rechts aufeinander steppen, dabei eine 20 cm breite Öffnung zum Wenden offen lassen. Anschließend den Bezug wenden, die Ecken mit einer Schere herausdrücken und die Kanten bügeln. Das Inlett in den Bezug stecken und die Öffnung von Hand zunähen.

Material

- gemusterten Baumwollstoff
  - je 1-mal Vorder- und Rückseite: 42 cm 106 cm
- Kissen-Inlett, 40 cm x 80 cm
- 10 Knöpfe, ø 2 cm
- Näh-Grundausstattung

Tipp

Den Abstand von Knöpfen an einer Knopfleiste ermitteln Sie folgendermaßen: Zunächst die Strecke ausmessen, in die die Knopflöcher eingenäht werden sollen. Dann die Länge der Knopflöcher festlegen (auf die Knopfgröße abgestimmt). Die Knopflochgröße mit der Anzahl der Knöpfe multiplizieren. Diesen Wert ziehen Sie nun von der ausgemessenen Gesamtstrecke ab. Das Ergebnis wird durch die Anzahl der Knöpfe + 1 dividiert, denn bei fünf Knöpfen haben Sie sechs Abstände, nämlich zwei seitliche und vier zwischen den Knöpfen. Dieser Wert, den Sie nun errechnet haben, ist der Abstand der Knöpfe zueinander.

Kissen mit seitlichen Knopfleisten

Die schmalen Seiten an beiden Kissenteilen zunächst 1 cm, anschließend nochmals 6 cm nach links umbügeln.

Diese vorgebügelten Kanten wieder aufklappen, die beiden Kissenteile entlang der langen Seiten rechts auf rechts aufeinander steppen und die Nahtzugaben vorsichtig auseinander bügeln.

Dann die vorgebügelten Kanten wieder nach innen einschlagen, mit Nadeln fixieren und knappkantig feststeppen. Auf beiden Seiten der Vorderseite mit einem speziellen Knopflochfüßchen jeweils fünf Knopflöcher parallel zur äußeren Kante einarbeiten (siehe Tipp!). Das Nähen von Knopflöchern bitte dem Handbuch der Nähmaschine entnehmen und die Länge der Knopflöcher auf den Knopfdurchmesser abstimmen. Anschließend die Knöpfe annähen und das Kissen-Inlett hineinstecken.

Auflagen für Teakholzliegen

Zuerst das Kissen nähen. Dazu auf eine Kissenhälfte vorsichtig mit einem Tuch Volumenvlies aufbügeln, dabei die aufgedruckten Herstellerangaben beachten.

Für den plastischen Effekt dieses Schnittteils die rechte Stoffseite übersteppen. Dazu in der Mitte des Schnittteils eine schräge Stepplinie mit Schneiderkreide aufzeichnen, sie verläuft in einem 45°-Winkel zur Stoffkante. Die weiteren Linien im Abstand von 3 cm unter Zuhilfenahme eines Führungslineals absteppen. Zunächst alle Stepplinien für eine Richtung nähen. Anschließend wieder eine Linie mit Schneiderkreide aufzeichnen, die im rechten Winkel zu den bereits fertigen Nähten liegt, und dann die Stepplinien, die in die andere Richtung laufen, absteppen.

Dann die Bänder nähen. Dazu die langen Seiten der Bänder 1 cm nach links umbügeln, anschließend den Stoffstreifen nochmals links auf links falten und die Kanten aufeinander steppen (siehe Zeichnung 1). Die beiden fertigen Bänder knappkantig an die obere Kante des Kissens steppen. Der Abstand zu den äußeren Kanten beträgt 8 cm.

Das vordere und rückwärtige Kissenteil rechts auf rechts legen (die Bänder liegen innen) und ringsum feststeppen. An der unteren Kante eine ca. 10 cm breite Öffnung zum Wenden offen lassen. Die Nahtzugaben zurückschneiden und die Ecken schräg abschneiden. Dann das Kissenteil wenden, die Kanten bügeln und die Öffnung von Hand zunähen.

Danach geht es an den Bezug selbst: Da die Größen und Höhen alter Polster oder von Klappmatratzen stark variieren, kann hier leider keine genaue Größenangabe erfolgen.

Für den Zuschnitt zunächst das Vorderteil zuschneiden. Dazu die alte Auflage auf den ausgebreiteten Stoff legen und die Konturen mit Schneiderkreide exakt nachzeichnen. Dann die Höhe der Matratze ausmessen. Die Hälfte dieses Betrages nochmals an die bereits aufgezeichnete Linie anzeichnen. Nahtzugaben werden nur bei sehr festen Polstern benötigt. Bei eher weichen Matratzen oder Polstern kann ausnahmsweise auf die Nahtzugabe verzichtet werden. Dieser fehlende Betrag führt dazu, dass die Matratze später ein wenig gestaucht wird, sich somit optimal der vorgegeben Form anpasst und keine Falten wirft. Für die Rückseite benötigt man zwei Schnittteile. Dazu das Schnittteil der Vorderseite mittig falten und auf den Stoff für die Rückseite legen. Die äußeren Konturen übernehmen, lediglich an der gefalteten Kante zusätzlich 1 cm Nahtzugabe für den Reißverschluss anzeichnen. Das erste, fertig zugeschnittene Teil für die Rückseite als Schnittmuster für die zweite Hälfte verwenden.

Dann den Bezug nähen. Dazu die beiden Schnittteile für die Rückseite rechts auf rechts aufeinander legen und die rückwärtige Teilungsnaht am Anfang und Ende 10 cm breit zusammensteppen. Die Nahtzugaben auseinander bügeln.

Die offenen Kanten zwischen diesen beiden Nähten (Reißverschlussbereich) ebenfalls 1 cm nach links umbügeln. Dann den Reißverschluss feststecken. Mit einem speziellen Reißverschlussfüßchen den Stoff knappkantig auf dem Reißverschlussband festnähen (siehe Zeichnung 8).

Das fertige Kissen mittig an die obere Kante des Vorderteils stecken, die wattierte Seite liegt oben. Die fertige Rückseite des Bezuges rechts auf rechts auf die Vorderseite legen und die Kanten ringsum aufeinander steppen, die Bänder des Kissens dabei mitfassen.

Den Bezug nach rechts wenden und die Kanten bügeln. Anschließend die Matratze in den Bezug stecken und den Reißverschluss schließen.

Material

- geblümten Baumwollstoff:
  - 1-mal Bezug Vorderseite
  - 2-mal Bezug Rückseite
  - 2-mal Kissenteile: 25 cm x 35 cm
  - 2-mal Bänder fürs Kissen: 8 cm x 14 cm
- aufbügelbares Volumenvlies:
  - 1-mal Kissen: 25 cm x 35 cm
- Reißverschluss, 20 cm kürzer als gesamte Matratzenlänge
- alte Auflage oder Gäste-Klappmatratze
- Näh-Grundausstattung (Nähmaschine mit Führungslineal)

Tipp

Häufig werden Auflagen von Liegen oder Sonnenstühlen durch intensive Sonneneinstrahlung unansehnlich und bleichen aus. Ein neuer, abziehbarer und waschbarer Bezug lässt alte Polster wieder in neuem Glanz erstrahlen. Für diese Auflagen wurden jedoch keine alten Polster, sondern alte Klappmatratzen verwendet. Da diese Gästematratzen meistens relativ selten gebraucht und eher platzraubend in den Ecken herumstehen, fanden sie hier ein zusätzliches Einsatzgebiet.

Im Gartenhäuschen

Was bei uns zu Hause ursprünglich als Geräteschuppen gedacht war, wurde von meinen Kindern bereits in der Bauphase besetzt und kurzerhand zum Kinderspielhaus erklärt. Bei der „Hausbesetzung" blieb es und die Gartengeräte stehen heute noch draußen. Stattdessen wurde aus der 2 m x 3 m großen Hütte ein helles und freundliches „Kinderzimmer" im Grünen, in dem sich aber auch die Großen ausgesprochen wohl fühlen.

Material Flaschenträger

- Sperrholz-Flaschenträger
- Sperrholzornament
- Acryllack
- Sekundenkleber
- Pinsel

Kästen mit Herz

- karierten und geblümten Baumwollstoff:
  - 1-mal Rückseite des Kastens
  - 2-mal Herz
- Holzkasten
- Band oder Litze
- Füllwatte
- Acryllack
- Flüssigkleber
- Näh-Grundausstattung
- Pinsel

Flaschenträger

Die Sperrholz-Teile lackieren und trocknen lassen.

Dann das Schmuckelement mit Sekundenkleber auf den Flaschenträger kleben.

Kästen mit Herz

Alte Holz- oder Weinkästen können schnell in kleine Setzkästen verwandelt werden. Den Kasten dazu gegebenenfalls farbig anstreichen.

Nach dem Trocknen die Rückseite mit Stoff bekleben und über die Kanten Litze oder Bänder kleben.

Für die Herzen zwei Stoffreste rechts auf rechts legen, die Herzkonturen frei Hand aufzeichnen und nachsteppen. Dabei eine kleine Öffnung zum Wenden und Ausstopfen des Herzens offen lassen. Die Nahtzugaben vorsichtig auf 5 mm zurückschneiden. Das Herz wenden, die Kanten bügeln und mit Füllwatte ausstopfen. Die Öffnung mit kleinen Handstichen zunähen.

Band an das Herz kleben oder nähen und das fertige Herz in den Kasten kleben.

Rollo

Über dem Fenster ein fertiges Regal aus dem Baumarkt anbringen, das zusätzliche Ablagefläche bietet. Dann eine rechteckige, 2 cm starke Dachlatte exakt unterhalb des Regals montieren. Auf die Latte die raue Seite des Klettbandes tackern.

Beim Zuschneiden und Nähen der Rollos folgendermaßen vorgehen: Zunächst Länge und Breite (Regalbreite) des fertigen Rollos festlegen. In der Breite 8 cm und in der Länge 2,5 cm Nahtzugaben anschneiden. Zum Verstürzen der unteren Kante benötigt man ein ca. 22 cm hohes und genauso breites Stück Stoff wie das eigentliche Rollo, man nennt dieses Schnittteil Beleg.

Bei dünnen Stoffen den Beleg nach Herstellerangaben mit Vlieseline bekleben. Dann an diesem Schnittteil zunächst eine lange Seite ca. 1 cm nach links umbügeln und es nun rechts auf rechts auf das Rollo stecken. Die Bogenkante (siehe Zeichnung 28) anzeichnen, sie beginnt und endet 4 cm von den äußeren Kanten entfernt.

Ähnlich wie bei den Verarbeitungszeichnungen des anderen Rollos gezeigt (siehe Zeichnung 20) die zwei Schnitteile aufeinander steppen, die Nahtzugaben auf 5 mm zurückschneiden und die Teile wenden. Die Bogenkante sorgfältig mit einer Schere ausdrücken, bügeln und die bereits 1 cm breit umgebügelte Kante festnähen.

Unterhalb dieser Naht im Abstand von 3 cm eine zweite Naht absteppen. Es entsteht dadurch ein Tunnel, in den später die Metallstange zum Beschweren des Rollos eingeschoben wird.

Dann die äußeren Kanten 4 cm nach innen umbügeln und feststeppen. Die obere Kante 1,5 cm nach links umbügeln, die weiche, flauschige Seite des Klettbandes darüber feststecken und sorgfältig festnähen. Anschließend direkt in der Mitte und an den Seiten die Schlaufenbänder aufnähen. Die beiden äußeren Bänder verdecken die Schnittkanten des Stoffs. Die erste Schlaufe beginnt jeweils direkt am Tunnel!

Das Rollo nun an der Leiste befestigen und drei kleine Ringschrauben zur Führung der Bänder einschrauben. Diese müssen exakt über den Schlaufenbändern angebracht werden. Zusätzlich an einer Seite noch eine vierte Ringschraube einschrauben, durch die alle Bänder gemeinsam geführt und nach unten geleitet werden. An einer Seite des Tunnels ein paar Stiche auftrennen und die Metallstange einschieben. Die Bänder ausreichend lang an die untersten Ösen des Schlaufenbandes knoten. Im weiteren Verlauf die Bänder durch alle restlichen Ösen fädeln. Alle drei Bänder durch die Ringschrauben nach unten führen.

Zum Schluss an der Wand einen kleinen Aufwickler montieren, an dem die Bänder aufwickelt werden können.

Material

- geblümten Baumwollstoff:
  - 1-mal Rollo
  - 1-mal Beleg
- ggf. Vlieseline (bei dünnen Ausgangsstoffen):
  - 1-mal Beleg
- fertiges Regalbrett mit Konsolen (aus dem Baumarkt)
- Dachlatte, 2 cm stark
- 3 Schrauben
- 3 Dübel
- Klettband
- 4 Ringschrauben
- Schlaufenband
- dünnes Synthetikband
- runde, dünne Metallstange
- Aufwickler für Bänder
- Näh-Grundausstattung
- Tacker
- Bohrmaschine oder Akkuschrauber

Tipp

In den Gardinenabteilungen der Baumärkte, bei Innenausstattern und jedem Gardinenfachgeschäft können Sie auch sogenannte Rollo-Rohlinge kaufen. Diese Sets enthalten alle Materialien zur Herstellung eines Rollos, lediglich die Stoffauswahl bleibt Ihnen überlassen. Diese Rohlinge sind jedoch relativ teuer, müssen in den meisten Fällen bestellt werden und nicht alle Anbieter stellen sie in Ihrer Wunschbreite her.

Material

- karierten Baumwollstoff:
  - 1-mal Lampenbezug
  - 1-mal Stoffstreifen für die Rüsche
- alten Lampenschirm
- Sprühkleber
- Flüssigkleber oder Sekundenkleber
- Klebestift oder Textilkleber
- Näh-Grundausstattung

Lampe

Bei der Wandlampe handelt es sich um einen alten Flohmarktfund, der lediglich mit neuem Stoff beklebt wurde.

Dazu den Lampenschirm ausmessen und an allen Kanten 1 cm Nahtzugabe anschneiden. Die Zugaben an der oberen und unteren Kante sorgfältig nach innen umbügeln (Höhe am Lampenschirm überprüfen) und mit Klebestift oder Textilkleber festkleben. Dann den Schirm mit Sprühkleber einsprühen, den Stoff exakt ausrichten und festkleben. Zunächst nur eine Längsseite festkleben, die andere Seite 1 cm nach innen einschlagen und nochmals mit Klebestift festkleben.

Für die Rüsche benötigt man einen 8 cm breiten Stoffstreifen. Die Länge des Streifens sollte mindestens zwei- bis dreimal so lang sein wie der Umfang der unteren Lampenkante. Den Streifen verstürzen, einkräuseln (siehe „Einkräuseln“, Seite 10) und mit Sekundenkleber oder Flüssigkleber befestigen.

Material

- geblümten Baumwollstoff:
  - je 1-mal Vorder- und Rückseite
  - 2-mal Stoffstreifen für Rüschen
- rundes Kissen-Inlett
- Näh-Grundausstattung

Tipps

Statt der Rüschen können Sie natürlich auch fertige Bänder auf das Kissen nähen. Das ist wesentlich einfacher und geht schneller.

Die Wände wurden ca. 1,10 m hoch vertäfelt. Hierzu werden Dachlatten an die Wände geschraubt, an die wiederum die Nut-und-Feder-Bretter kommen. Der obere Teil der Wände wurde zunächst einfarbig gestrichen, anschließend wurden durch Abkleben mit Kreppband noch Streifen aufgepinselt.

Ein zusätzliches, hübsches Detail stellt hier die geschwungene Sperrholzbordüre dar. Lassen Sie sich dafür im Baumarkt entsprechend Ihrer Wandlänge ca. 15 cm breite Sperrholzbretter zuschneiden. Übertragen Sie die gewünschten Konturen der Bogenkante frei Hand bzw. nach einer selbst entworfenen Vorlage auf das Holz und sägen Sie die Kante mit der Stichsäge entsprechend aus. Die gestrichenen Bordüren dann an die Vertäfelung nageln und mit einer Winkelleiste von oben abdecken.

Rundes Rüschenkissen

Gemäß der Kissengröße zwei Kreise zuschneiden, dabei ringsum 1 cm Nahtzugabe zugeben. Für die Rüschen zwei Stoffstreifen zuschneiden. Diese sind 10 cm breit und ca. zwei- bis dreimal länger als der Durchmesser des Kissens.

Die Stoffstreifen verstürzen (siehe Zeichnung 4), wenden, bügeln und einkräuseln (siehe „Einkräuseln", Seite 10). Anschließend die Rüschen mit Nadeln auf die Vorderseite des Kissens stecken und von oben mit der Nähmaschine festnähen.

Die Vorder- und Rückseite des Kissens verstürzen, dabei eine ausreichend große Öffnung zum Wenden offen lassen. Die beiden Schnittteile wenden, die Kanten bügeln, das Kissen in den Bezug schieben und die Öffnung von Hand zunähen.

Material

- karierten Baumwollstoff:
  - 1-mal oberes Vorderteil: 16 cm x 32 cm
  - 1-mal unteres Vorderteil: 27 cm x 32 cm
  - 1-mal Rückseite: 32 cm x 32 cm
  - 2-mal Stoffstreifen für die Schlaufen 4 cm x 13 cm
  - 2-mal Stoffkreise für die Knöpfe
- Kissen-Inlett, 30 cm x 30 cm
- 2 alte Knöpfe
- Näh-Grundausstattung

Kissen mit bezogenen Knöpfen

Am oberen und unteren Vorderteil jeweils eine der 32 cm langen Längsseiten 3 cm breit nach links umbügeln und ca. 2 cm breit feststeppen.

Nun die beiden Vorderteile übereinander legen, das kleinere Kissenteil liegt oben. Die Länge des Vorderteils auf die Länge des rückwärtigen Kissenteils abstimmen. Die beiden vorderen Kissenhälften mit Nadeln aufeinander feststecken und knappkantig aufeinander nähen. Anschließend das vordere und das hintere Kissenteil rechts auf rechts legen und ringsum aufeinander steppen. Das Kissen wenden, die Ecken mit einer Schere vorsichtig herausdrücken und bügeln.

Für die Schlaufen werden zwei Stoffstreifen von ca. 13 cm Länge und 4 cm Breite benötigt (siehe Zeichnung 3). Die fertigen Bänder zu Schlaufen falten (Achtung, dabei die Schlaufengröße auf die Knopfgröße abstimmen!), bügeln und mit der Nähmaschine an das obere Kissenteil nähen. Der Abstand zu den äußeren Kanten beträgt 8 cm.

Für die bezogenen Knöpfe werden zwei alte Knöpfe benötigt. Dazu zwei Stoffkreise zuschneiden, deren Durchmesser ungefähr doppelt so groß ist wie der Knopfdurchmesser. Dann mit einem doppelt gelegten Faden, ca. 2 mm bis 3 mm von der Stoffkante entfernt, mit einem kleinen Vorstich entlang der äußeren Stoffkante von Hand nähen. Nahtanfang und -ende werden dabei nicht vernäht! Anschließend den Faden an beiden Seiten vorsichtig anziehen, den Knopf in die Mulde legen und die Fäden weiter anziehen, bis sich der Stoff stramm um den Knopf gelegt hat. Die beiden Fadenenden zusammenknoten und den Stoff damit festnähen. Mit einem neuen, doppelt gelegten Faden die Knöpfe am unteren Kissenvorderteil befestigen.

Tipp

Das Gartenhaus wurde von einem Zimmermann gebaut. Die Tür wurde in der Mitte geteilt und lässt somit auch bei schlechterem Wetter den Blick nach draußen zu. Die Fenster wurden komplett fertig im Baumarkt gekauft. Fertige Gartenhäuser gibt es in allen erdenklichen Größen und Formen in Baumärkten oder im Internet zu kaufen. So ein Gartenhäuschen als Kinderspielehaus bietet zum Beispiel die Firma car-Selbstbaumöbel an.

Das ABC des Selbermachens

Hinweis

Ganz genaue Materialangaben haben wir nur dort gemacht, wo diese für den Erfolg Ihrer kreativen Arbeit ausschlaggebend sind. Ansonsten passen Sie die Materialien bitte an Ihren individuellen Bedarf an.

A

Absteppen

Säume werden in der Regel nach links umgebügelt und dann meistens etwas breiter (2 cm bis 4 cm) abgesteppt. Sie lassen sich einfacher durch Zuhilfenahme eines Führungslineals absteppen (Zubehör Ihrer Nähmaschine). Alle anderen Kanten werden eher 7 mm bis 1 cm breit abgesteppt. Das Absteppen kann einerseits einen dekorativen Charakter haben, aber mit dem Absteppen können auch einzelne Stofflagen fixiert werden. Dieses ist bei wattierten Teilen, Steppdecken und Topflappen der Fall. Das Absteppen ist bei wattierten Teilen sinnvoll, da sich sonst beim Waschen das Volumenvlies verschieben oder im schlimmsten Fall komplett lösen könnte.

Acrylfarbe und Acryllack

Bei Acrylfarben handelt es sich um Farben, die in der Regel wasserverdünnbar sind. Es gibt sie sowohl für künstlerische wie auch eher für größere Kreativprojekte geeignet zu kaufen. Stellenweise werden sie auch Bastelfarbe genannt. Auch Acryllack ist in der Regel wasserverdünnbar. Gegenüber von Nitrolacken besteht sein Vorteil darin, dass beim Arbeiten keine gesundheitlich bedenklichen Dämpfe entstehen. Sollten Sie Gegenstände fürs Kinderzimmer streichen, so achten Sie bitte unbedingt darauf, speichelechte Lacke zu verwenden!

Akkuschrauber

Bei einem Akkuschrauber handelt es sich um eine Art Handbohrmaschine, welche aber mit einem Akku, nicht mit einem Stromkabel betrieben wird. Meist lassen sich nur Bohrer mit einem geringeren Durchmesser einsetzen als bei Bohrmaschinen, außerdem fehlt ihnen die notwendige Kraft für Bohrungen durch Wände. Für viele Holzarbeiten ist der Akkuschrauber aber hervorragend geeignet.

Anschneiden

Beim Zuschneiden von Schnittteilen muss in den meisten Fällen die Nahtzugabe (1 cm bis 1,5 cm) „angeschnitten" werden. Die Nahtzugabe wird mit einem Lineal oder einem Geodreieck angezeichnet. Erst danach schneiden Sie das Schnittteil mit der Schere aus.

B

Baumwollstoff

Baumwollstoffe sind sehr vielseitige Stoffe, die es in den verschiedensten Stärken, Farben und Strukturen im Handel zu kaufen gibt. Sie sind in der Regel waschbar, sehr strapazierfähig und nahezu für alle Bereiche, in denen Stoffe benötigt werden, einsetzbar. Als Nachteil der Baumwolle ist das Schrumpfverhalten zu nennen, d. h. dass der Stoff bei höheren Temperaturen einläuft. Es empfiehlt sich daher, alle Baumwollstoffe vor dem Nähen zu dämpfen oder zu waschen.

Beleg

Mit einem Beleg werden Kanten verstürzt. Die Belege können mit Vlieseline verstärkt werden, um ihnen Stabilität zu verleihen. Die Belege werden rechts auf rechts auf den Stoff gelegt, aufgesteppt, die Kanten zurückgeschnitten, die Ecken und Rundungen schräg abgeschnitten und anschließend gewendet. Die Nahtzugaben liegen dann innen und sind nicht mehr sichtbar.

Bezugsstoff

Zum Beziehen von Sesseln, Sofas oder Stuhlkissen verwendet man häufig sogenannte Möbelbezugsstoffe. Dabei handelt es sich um besonders strapazierfähige Stoffe, die nicht schnell durchscheuern oder ausleiern und somit ihre Form verlieren.

Bogenkante

Um eine geschwungene Stoffkante bei Rollos, Decken o. Ä. zu erzielen, werden zwei Schnittteile miteinander verstürzt. Das Verstürzen erfolgt meistens mit einem Beleg. Eine geschwungene Kante (Bogenkante) kann aber auch mit Schrägband eingefasst werden. Bei einer genähten Bogenkante müssen vor dem Wenden der Stoffteile unbedingt die Nahtzugaben auf 2 mm bis 3 mm zurückgeschnitten, die Rundungen vorsichtig bis zur Nahtlinie eingeschnitten und alle Ecken schräg abgeschnitten werden.

Bohrmaschine

Mithilfe der Bohrmaschine bohren Sie Löcher in Werkstücke oder Wände. Je nach eingesetztem Bohrer (zum Beispiel Holz- oder Metallbohrer) lassen sich damit die Materialien unterschiedlich gut durchbohren, wobei Holzbohrer zum Beispiel eine Zentrierspitze haben, aber wirklich nur für Holz zu verwenden sind, Metallbohrer sind dafür robuster und bohren ebenfalls Holz.

Briefecke

Eine Briefecke findet man häufig dort, wo ein breiter Saum vorhanden ist. Dieses ist beispielsweise bei Tischdecken der Fall. Bei der Verarbeitung von Briefecken sollte sehr exakt gearbeitet werden. Auch das Bügeln und Abschneiden der Nahtzugaben sollte mit größter Sorgfalt erfolgen. Im Gegensatz zum „doppelt eingeschlagenen Saum" ist der Saum mit einer Briefecke extrem flach und kann auch breiter abgesteppt werden.

F

Feststeppen, füßchenbreit

Manche Kanten werden nach dem Zusammennähen nochmals von der rechten Stoffseite abgesteppt. Dieses kann zur Zierde erfolgen, soll in vielen Fällen aber auch die Naht nochmals stabilisieren. Füßchenbreit bedeutet, dass die Steppnaht so breit wie Ihr Nähmaschinenfüßchen (0,75 cm) ist.

Feststeppen, knappkantig

Manche Kanten werden nach dem Zusammennähen nochmals von der rechten Stoffseite abgesteppt. Dieses kann zur Zierde erfolgen, soll in vielen Fällen aber auch die Naht nochmals stabilisieren. Knappkantig bedeutet, dass die Steppnaht nur 1 mm bis 3 mm breit ist.

Führungslineal/Kantenlineal (für die Nähmaschine)

Um breitere Kanten oder Säume absteppen zu können, ist ein Führungslineal, welches an die Nähmaschine geschraubt werden kann, sehr hilfreich. Es kann individuell auf Ihre Saumbreite eingestellt werden und ermöglicht es dann, dass Sie Ihren Stoff lediglich am Lineal entlang führen und somit einen exakt abgesteppten Saum erhalten. Durch das Lineal vermeiden Sie das Anzeichnen der Stepplinien auf dem Stoff. Anstatt eines Führungslineals zum Anschrauben können Sie sich auch ein magnetisches Lineal kaufen. Dieses wird auf die Stichplatte der Nähmaschine fixiert und erfüllt ähnlich gute Dienste.

H

Heißklebepistole

In die Heißklebepistole werden Heißklebepatronen eingeführt und aufgeheizt. Heißkleber dient dazu, sehr stabile Klebeverbindungen herzustellen. Da der Klebstoff beim Austreten aber sehr heiß ist, müssen Sie hier beim Arbeiten wirklich vorsichtig vorgehen, um sich nicht zu verbrennen.

Holzleiste

Holzleiste ist ein sehr allgemeiner Begriff. Grundsätzlich handelt es sich um ein 12 mm bis 38 mm starkes und 25 mm bis 63 mm breites Holzteil. Je nach Verwendungszweck unterscheidet man zwischen den Leistenrohlingen, Parkettleisten, Winkelleisten und vielen mehr.

Holzzuschnitt

Baumärkte bieten häufig den Service des Holzzuschnitts an, meist sogar kostenlos, sofern eine gewisse Holzmenge (zum Beispiel die komplette Platte) abgenommen wird. Bitte nehmen Sie diesen Service in Anspruch, Sie sparen dadurch viel Zeit und Mühe. Achten Sie aber darauf, dass Sie die Platten auch transportieren können müssen!

K

Kissen-Inlett

Die Füllungen für Kissenbezüge nennt man auch Inletts. Diese können zum einen aus Federn, andererseits aber auch aus Kunstfasern bestehen. Informieren Sie sich anhand der Herstellerangaben, ob das Inlett waschbar ist.

Kopieren

Mit speziellem Kopierpapier (Stoffabteilungen der Kaufhäuser) können Sie die Schnittmuster oder Schablonen mühelos abpausen. Das Papier ist sehr dünn und durchsichtig. Die abgepausten Schnittteile nach dem Ausschneiden unbedingt beschriften.

L

Links auf links

Bei „links auf links" ist das Aufeinanderlegen der beiden linken Stoffseiten gemeint. Es kommt relativ selten vor, dass man Stoffe links auf links zusammensteppt (zum Beispiel bei Paspelstreifen oder Säumen).

Litze

Als Litze bezeichnet man kleine, meist gewebte Bänder. Sie können als schmückendes Element von Hand oder mit der Maschine auf den Stoff aufgenäht werden. Litzen gibt es in unterschiedlichen Farben und Formen. Überprüfen Sie vor dem Aufnähen, ob die Litze farbecht ist und somit auch gewaschen werden kann.

Lochsäge

Bei der Lochsäge handelt es sich um einen kreisförmigen Sägeaufsatz für die Bohrmaschine, mit dessen Hilfe Löcher mitten aus Holzplatten herausgesägt werden können.

N

Nähgarn

Nähgarn gibt es als Baumwollnähgarn oder auch als Synthetikgarn. Das Nähgarn sollte immer auf die Stoffqualität abgestimmt werden. Baumwollnähgarn kann beim Waschen einlaufen und dazu führen, das die Nähte anschließend kraus aussehen und bei Belastung reißen.

Nahtzugaben

Wenn ein Schnittteil zugeschnitten wird, benötigt man in fast allen Fällen Nahtzugaben. In der Regel reichen ringsum 1 cm breite Nahtzugaben aus. Die Nahtzugaben werden mit einem Lineal oder Geodreieck und Schneiderkreide angezeichnet. Entlang dieser Linie wird das Schnittteil aus dem Stoff zugeschnitten.

P

Paspel

Paspeln sind schmale Stoffstreifen, die links auf links gebügelt und anschließend beim Zusammennähen zweier Stoffteile zwischengefasst werden. Sie haben nur einen schmückenden Charakter.

Pinsel

Je nach Verwendungszweck kommen unterschiedliche Pinsel zum Einsatz. Flachpinsel werden zum Beispiel gerne für Lackarbeiten eingesetzt, für gewölbte Objekte bieten sich eher Rundpinsel an. Unterschieden wird auch nach der Borstenart, also Naturborsten, synthetische Borsten oder Mischborsten.

R

Rechts auf rechts

„Rechts auf rechts" ist in der „Schneidersprache" ein gebräuchlicher Begriff. Man meint damit, dass zwei Stofflagen mit den rechten Stoffseiten aufeinander liegen. Sie werden dann aufeinander gesteppt, gewendet oder die Nahtzugaben auseinander gebügelt. Anschließend ist dann die rechte Seite (Vorderseite) des Stoffes wieder sichtbar.

Reißverschluss

Reißverschlüsse gibt es aus Kunststoff und Metall. In den meisten Fällen verwendet man Kunststoffreißverschlüsse, denn sie sind wesentlich flacher und anschmiegsamer als Metallreißverschlüsse. Metallreißverschlüsse sind robuster und strapazierfähiger als Kunststoffreißverschlüsse. Reißverschlüsse gibt es in den unterschiedlichsten Farben und Längen. Man kann in einigen Grundfarben auch Kunststoffreißverschlüsse am laufenden Meter kaufen (Kurzwarenabteilungen, Stoffgeschäfte). Diese finden ihren Einsatz bei besonders langen Teilen. Sie können diese dann exakt auf Ihre Wunschlänge abschneiden lassen, ein Zipper wird mitgeliefert!

S

Saum

An vielen Schnittteilen gibt es Säume (Hosen, Röcke, Gardinen etc.). Sie sind wesentlich breiter als normale Nähte und Nahtzugaben, mindestens 3 cm breit, und stellen in den meisten Fällen die untere Stoffkante eines Schnittteils dar. Um beispielsweise 3 cm breite Säume zu erzielen, wird 6 cm von der Stoffkante entfernt eine Linie eingezeichnet. Hierzu benutzen Sie bitte Schneiderkreide. Dann wird der Stoff bis zu dieser Linie links auf links umgebügelt und festgesteppt. Die fertige Saumbreite beträgt nun 3 cm.

Schlaufenband

Schlaufenband bekommt man im Gardinenfachhandel oder in den jeweiligen Abteilungen der Kaufhäuser. Es handelt sich hierbei um ein dünnes Synthetikband, bei dem im regelmäßigen Abstand kleine Schlaufen eingewebt wurden. Das Band wird auf die Rückseite von Rollos aufgenäht. Durch die Schlaufen wird ein dünnes Band geführt (Rolloband aus Synthetik), welches beim Hochziehen der Bänder das Rollo in gleichmäßige Falten legt.

Schneiderkreide

Zum Anzeichnen von Nahtzugaben oder Säumen benutzt man Schneiderkreide. Diese Kreide lässt sich nach dem Nähen ausbürsten oder mit einem leicht feuchten Tuch entfernen. Neben der Schneiderkreide findet man in den Kurzwarenabteilungen zum Anzeichnen auch spezielle Filzstifte, die nach einer bestimmten Zeit von selbst wieder verschwinden.

Spanplatte
Spanplatten gibt es Holzhandel oder im Baumarkt. Es handelt sich hierbei um günstige Holzplatten, die aus Holzstückchen zusammengepresst wurden.

Stehsaum
Ein Stehsaum ist ein recht breiter Saum, der nach dem Zusammennähen oder Verstürzen von zwei Schnittteilen nochmals breit abgesteppt wird. Stehsäume findet man häufig bei Kissen und Decken.

Steppen
Steppen ist eine andere Bezeichnung für Nähen. Nähte können gesteppt oder genäht werden. Damit ist fast immer das Zusammenfügen von zwei Stoffteilen gemeint.

Stichsäge
Die Stärke der Stichsäge liegt darin, dass man aus dünnen Platten/Brettern oder auch Balken geformte Teile aussägen kann, ebenso bei vorheriger Bohrung auch Teile aus dem Inneren. Dafür bohren Sie ein Loch in die auszusägende Innenfläche, stecken das Sägeblatt durch und sägen von da aus zu der markierten Linie. Gerade Schnitte gelingen nur mithilfe eines Führungsanschlags.

Stoffseiten
Jeder Stoff hat eine rechte und eine linke Stoffseite. Die rechts Stoffseite ist die vordere Seite, also die später sichtbare Seite. Die linke Stoffseite ist die innen liegende Stoffseite. Sie ist in den meisten Fällen nach dem Nähen nicht mehr sichtbar. Soll ein Stoff also zum Beispiel rechts auf rechts gelegt werden, so ist damit gemeint, dass die beiden Stofflagen so aufeinander liegen müssen, dass die rechte Stoffseite auf der rechten Stoffseite liegt.

T

Tacker
Mithilfe des Tackers werden Tackerklammern fixiert. Man unterscheidet zwischen Handtackern und Elektrotackern. Meist lassen sich die Klammern aber problemlos in Holz anbringen.

Tresse
Als Tresse bezeichnet man ein Band, dessen Kanten fest versäubert sind. Man kann Tresse in den unterschiedlichsten Breiten und Farben kaufen. Mit Tresse kann man Kanten einfassen oder sie als schmückendes Element aufnähen.

V

Verriegeln
Jede Naht wird am Anfang und am Ende verriegelt. Das heißt, dass Sie beim Nähen nach ca. drei bis vier Stichen die „Rückwärtstaste" betätigen und dieses Stückchen Naht nochmals in die entgegengesetzte Richtung nähen. Dadurch wird verhindert, dass sich die einzelnen Stiche wieder auflösen. Verriegelt wird am Anfang und Ende jeder Naht doppelt.

Versäubern
Unter „Versäubern" versteht man das Umstechen der fertig zugeschnittenen Schnittteile mit einem Zickzackstich oder einem speziellen Versäuberungsstich. Dadurch wird verhindert, dass der Stoff an den Kanten ausfranst und sich die Nähte auflösen. Kanten, die mit Schrägbändern, Belegen oder Säumen weiterverarbeitet werden, müssen nicht versäubert werden.

Verstürzen
Unter Verstürzen versteht man das Zusammensteppen von zwei Stoffteilen, die nach dem Steppen gewendet werden und dabei die Nahtränder einschließen. Die Naht wird also von den beiden Stofflagen eingeschlossen und ist dadurch nicht mehr sichtbar. Die Nahtzugaben werden vor dem Wenden zurückgeschnitten. Rundungen und Ecken müssen auf 2 mm zurück- und bis zur Nahtlinie eingeschnitten werden. Anschließend die Ecken mit einer Schere vorsichtig herausdrücken. Nach dem Wenden die Kanten sorgfältig bügeln und auf Wunsch absteppen.

Vlieseline
Vlieseline ist ein Fasermaterial, welches zum Verstärken bzw. zum Versteifen von Stoffen benötigt wird. In den meisten Fällen ist auf der Rückseite eine Klebeschicht aufgebracht, die sich beim Bügeln verflüssigt und auf dem Stoff haften bleibt. Vlieseline wird immer auf die linke Stoffseite aufgebügelt. Sie sollten stets die Herstellerangaben beachten (Aufdruck an den Rändern) und die Vlieseline unbedingt mithilfe eines Tuchs aufbügeln.

Vliesofix
Vliesofix ist ein Faserverbundmaterial, welches hauptsächlich zum Applizieren oder zum Fixieren von zwei Stofflagen verwendet wird. Es hat auf der Rückseite eine Papierschicht, die nach dem Zuschneiden und Aufbügeln entfernt wird. Auf die Papierseite können Konturen mit einem Bleistift aufgemalt werden.

Volumenvlies
Um genähten Sachen (Decken, Tischsets, Taschen, Kissen etc.) einen voluminösen Charakter zu verleihen, wird auf die linke Seite Volumenvlies aufgebügelt oder beim Nähen mitgefasst. Volumenvlies gibt es in den unterschiedlichsten Stärken, von sehr bauschig bis sehr dünn. Man kann außerdem zwischen Bügelvlies oder einem Volumenvlies zum Aufnähen wählen. Das Bügelvlies wird mit einem Tuch aufgebügelt (siehe Herstellerangaben), das Volumenvlies ohne Klebeschicht wird beim Nähen mitgefasst und muss anschließend nochmals mit den einzelnen Stofflagen verbunden werden. Dadurch wird vermieden, dass sich das Vlies beim Waschen löst und zwischen den Stofflagen verrutscht.

Z

Zickzackstich
Der Zickzackstich ist ein sogenannter Nutzstich an Ihrer Nähmaschine, der zum Versäubern oder „Abketteln" von Schnittkanten (Nahtzugaben) eingesetzt wird. Die offenen Stoffkanten werden mit dem Zickzackstich übernäht, damit sie beim späteren Tragen und Waschen nicht ausfransen. Der Zickzackstich kann individuell eingestellt werden.

Verarbeitungszeichnungen & Schnittmuster

Zeichnung 1: Bänder steppen/Variante a

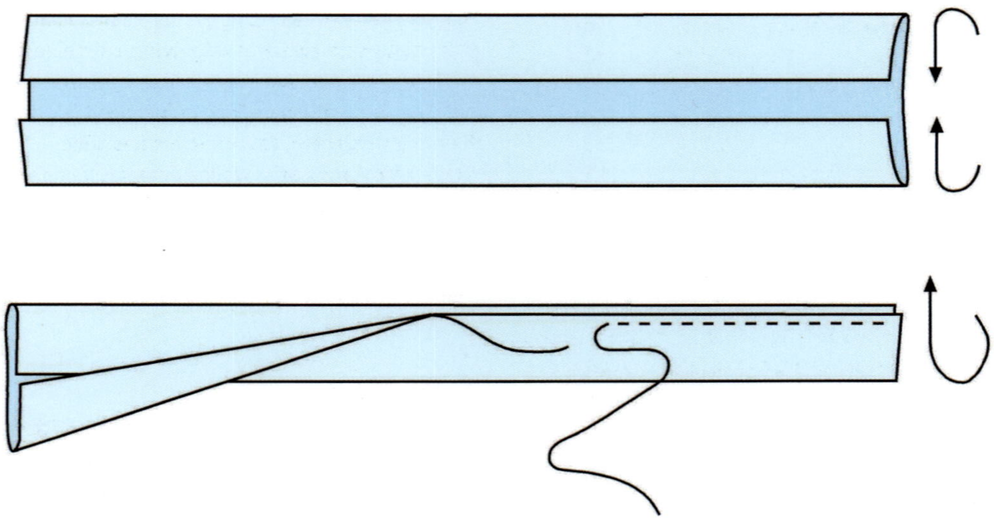

Zeichnung 2: Bänder steppen/Variante b

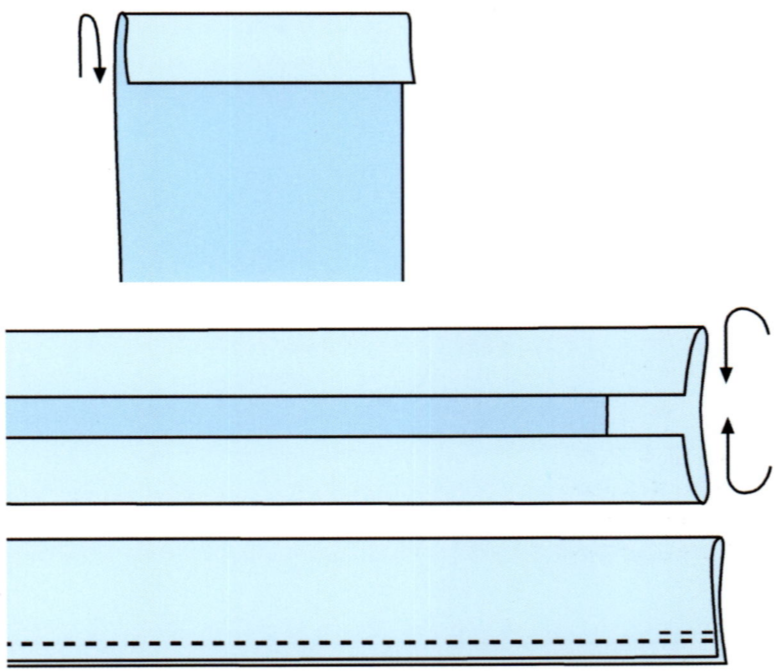

Zeichnung 3: Schlaufe

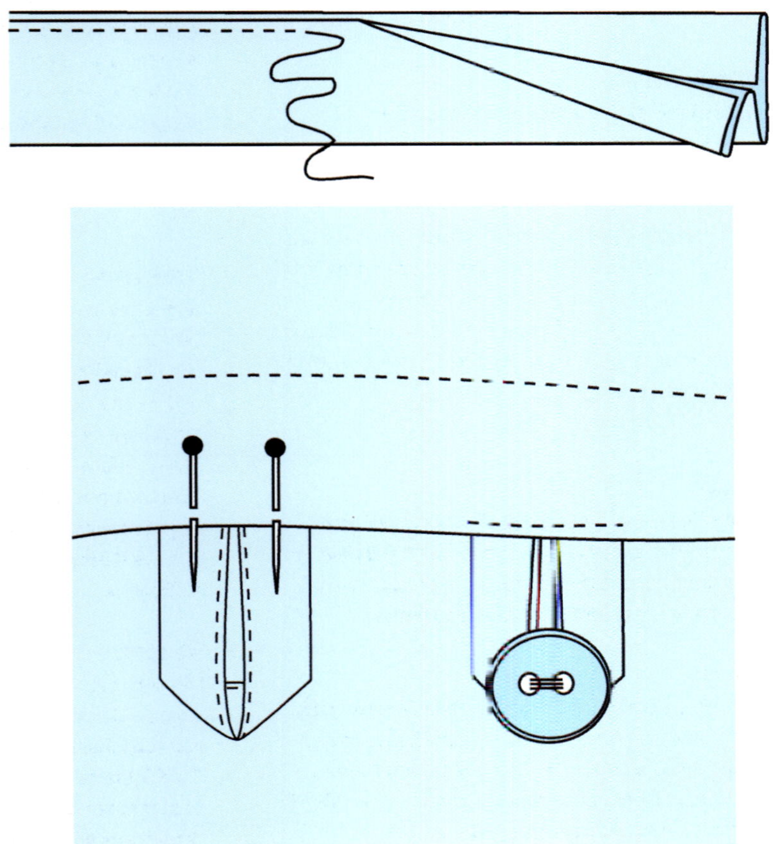

Zeichnung 4: Bänder verstürzen/Variante a

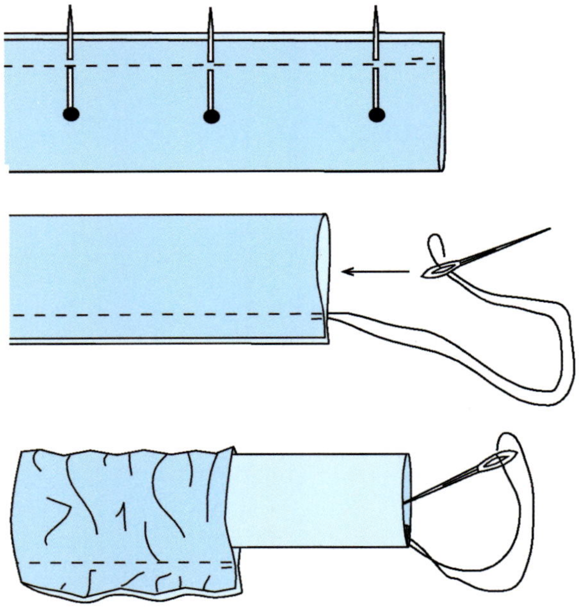

Zeichnung 6: Bänder verstürzen/Variante c

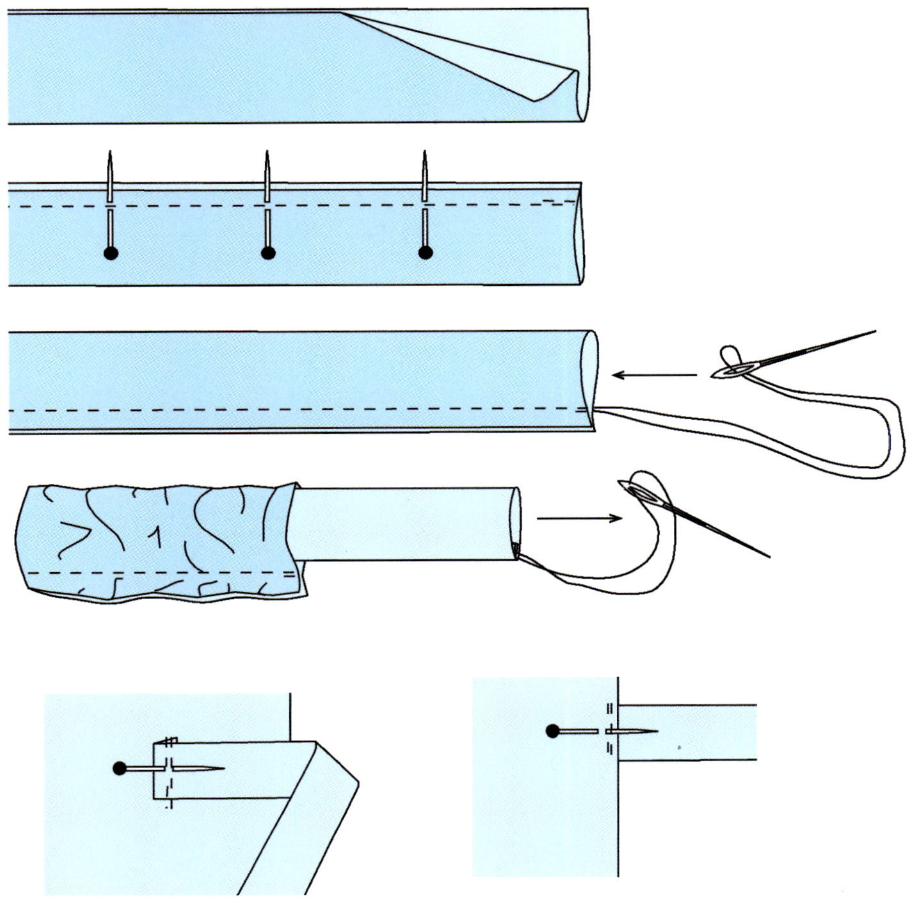

Zeichnung 5: Bänder verstürzen/Variante b

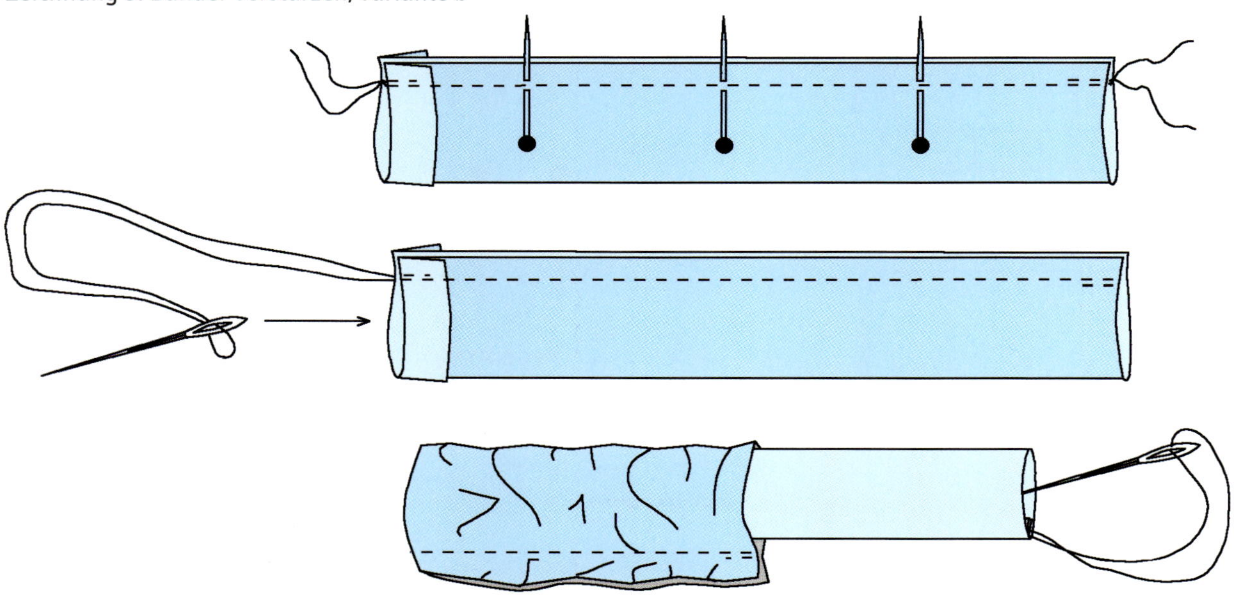

Zeichnung 7: Reißverschluss einnähen

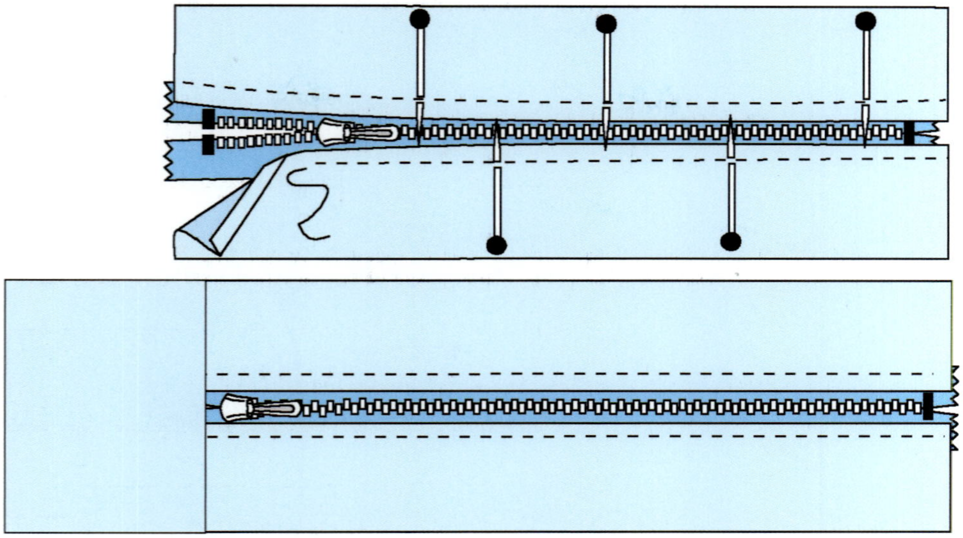

Zeichnung 8: Verdeckt eingenähter Reißverschluss

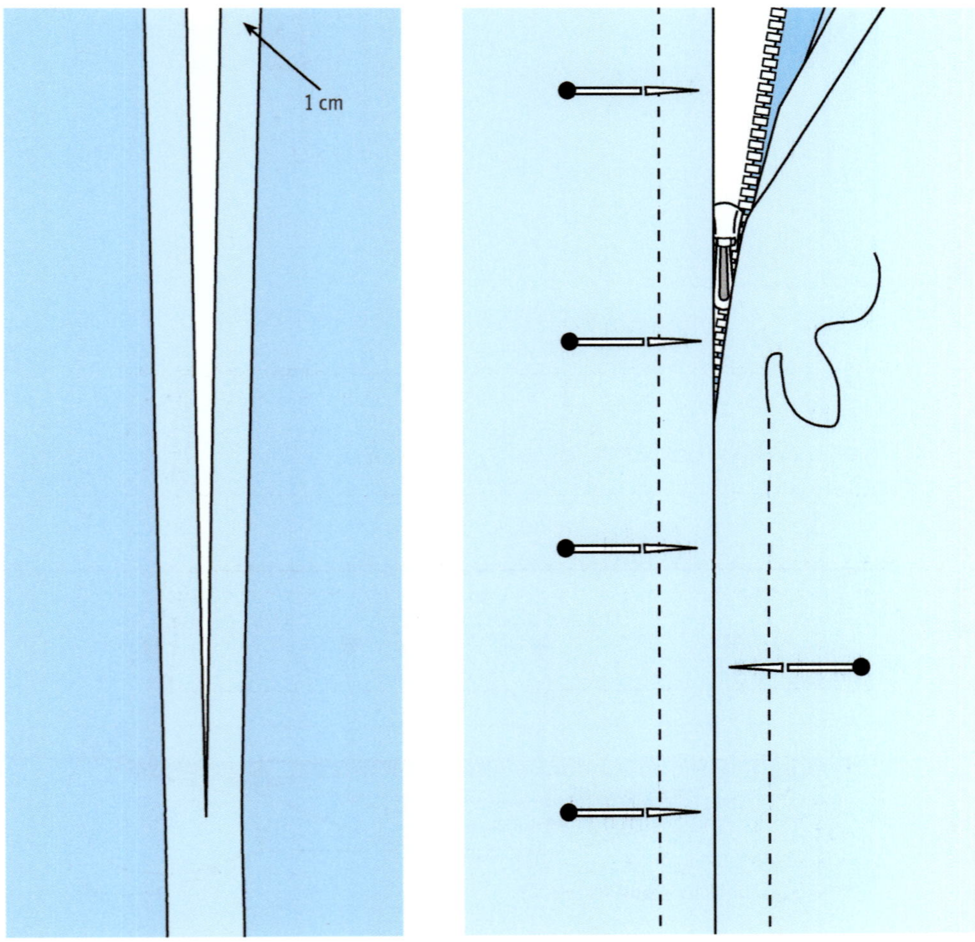

Zeichnung 9: Reißverschluss zwischen zwei Nähten einnähen

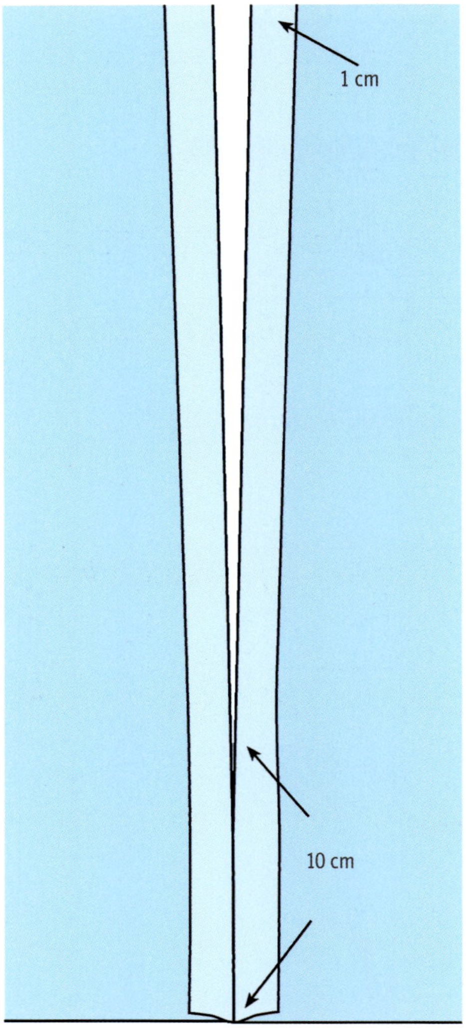

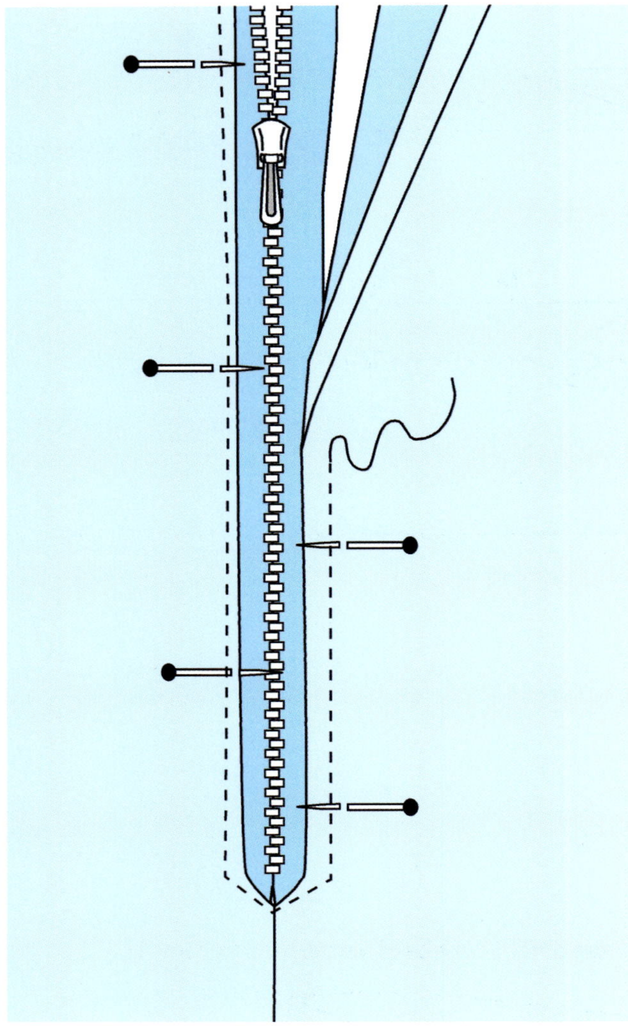

Zeichnung 10: Reißverschluss verdeckt zwischen zwei Nähten eingenäht

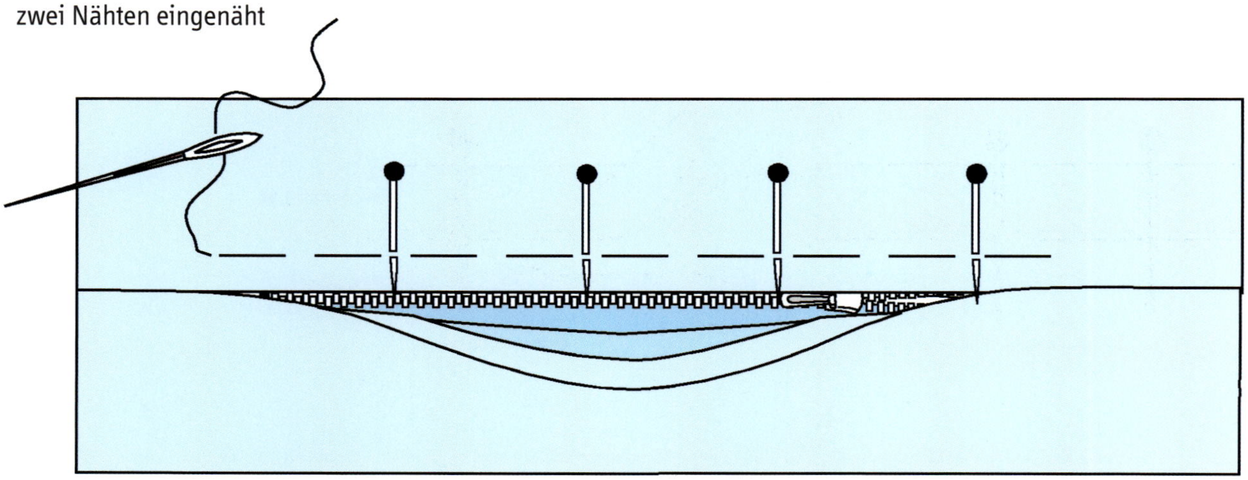

Zeichnung 11: Kante mit Schrägband versäubern/Variante a

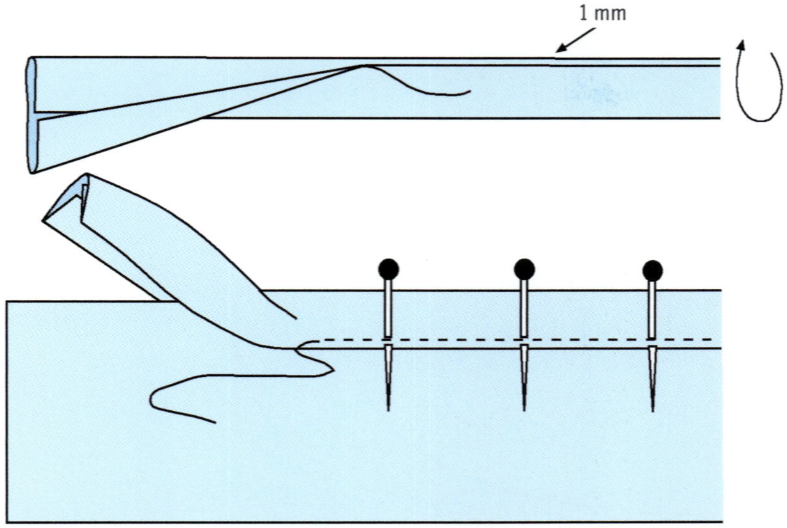

Zeichnung 13: Schrägstreifen bzw. Paspeln zwischenfassen

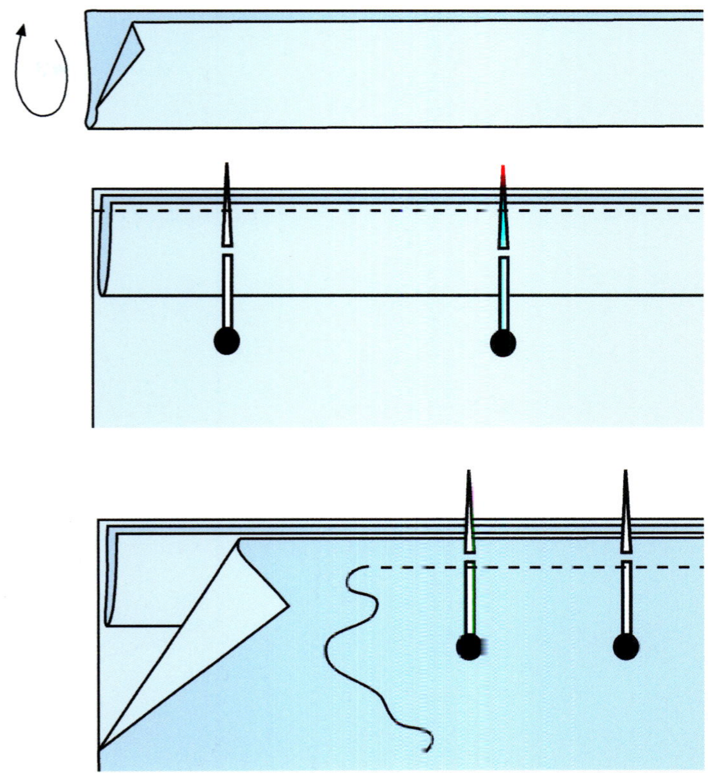

Zeichnung 12: Kante mit Schrägband versäubern/Variante b

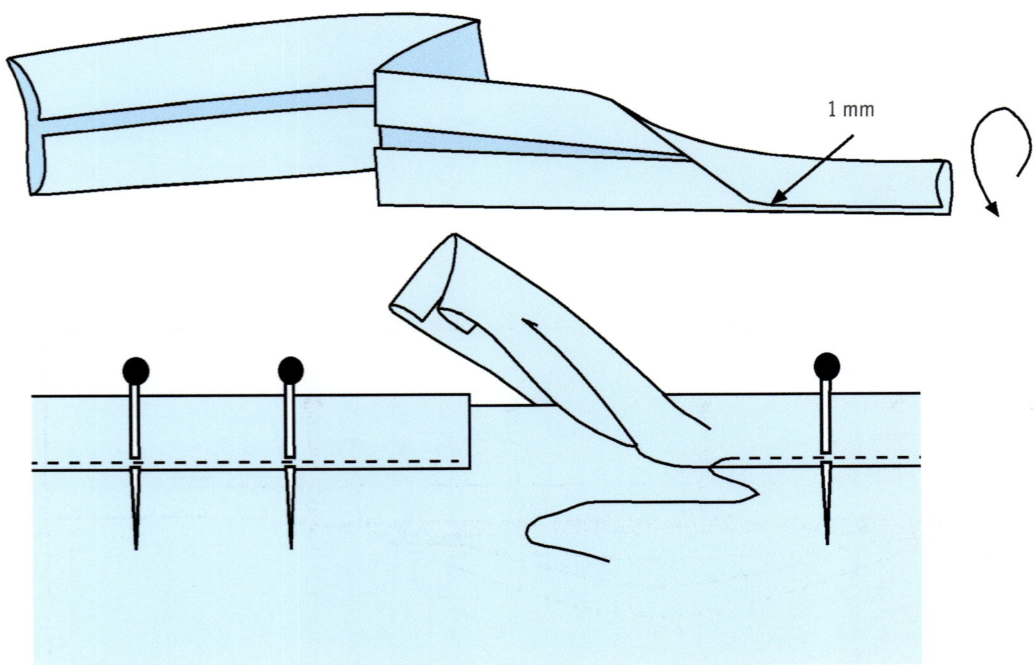

Zeichnung 14: Schrägstreifen/Schürze

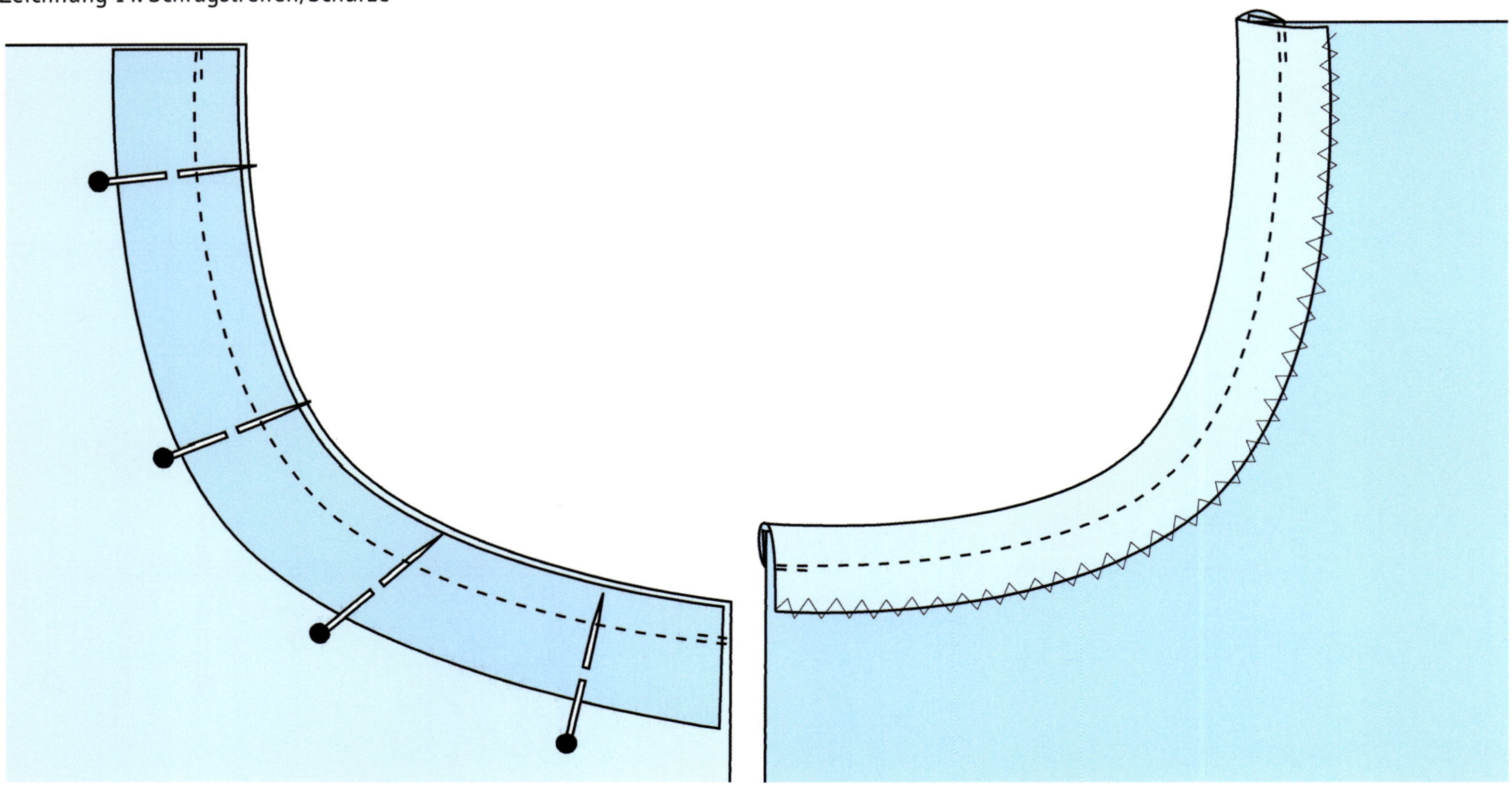

Zeichnung 15: Stoffutensilo

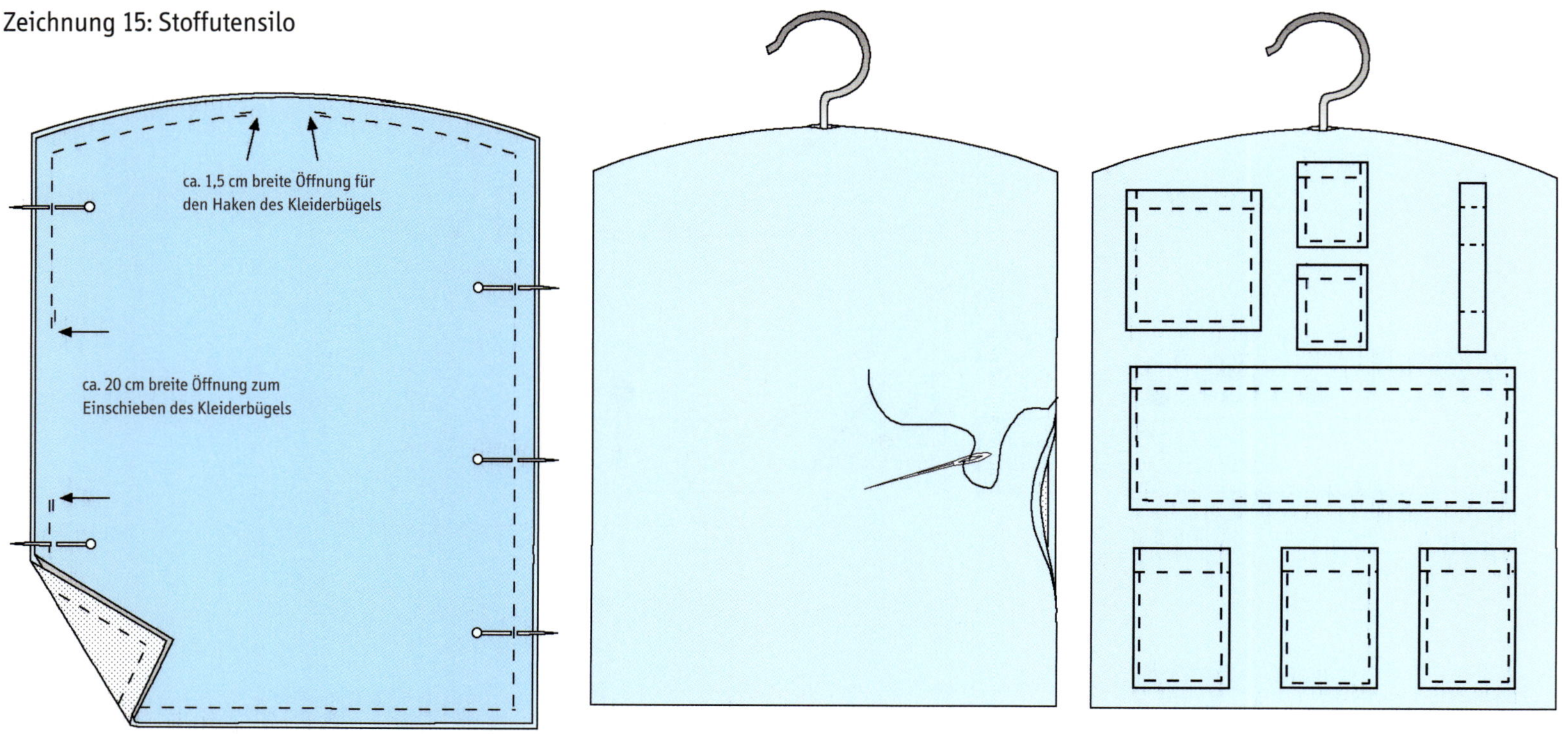

Zeichnung 16: Briefecke

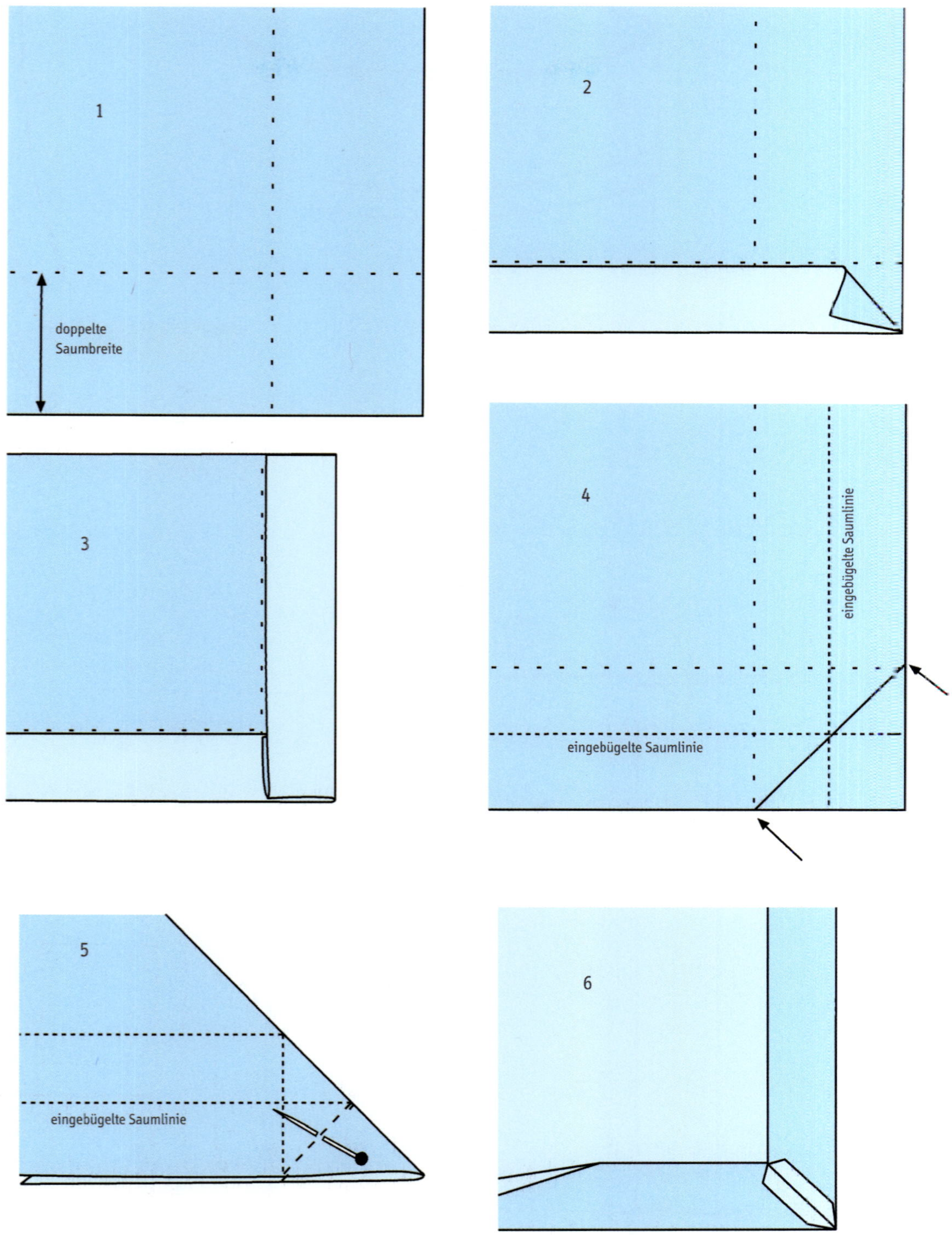

Zeichnung 17: Waschlappen

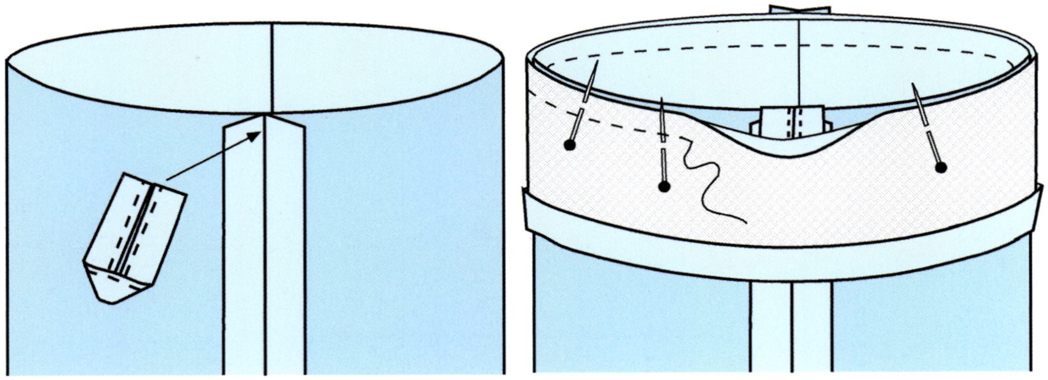

Zeichnung 18: Hotelverschluss

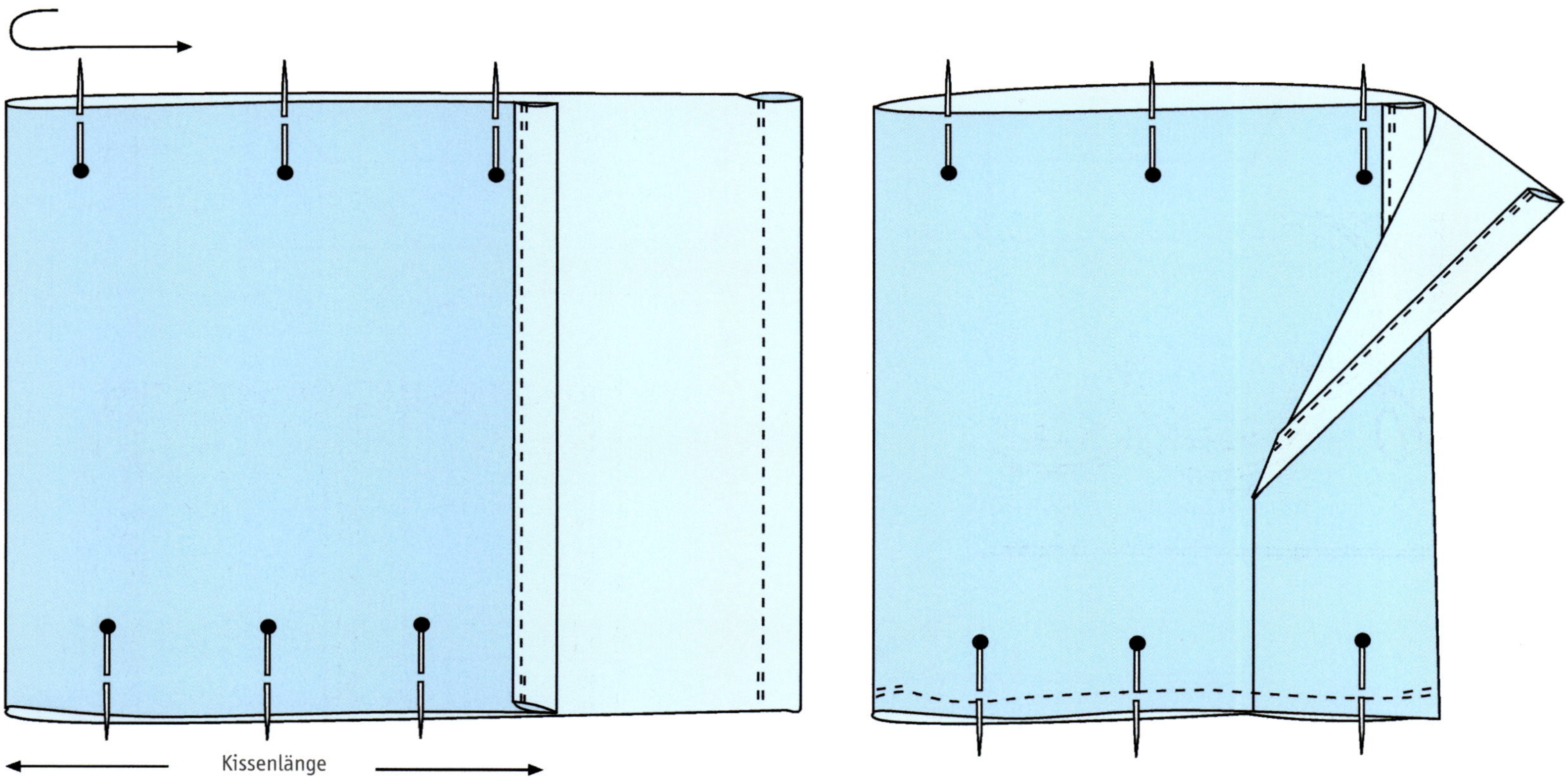

Zeichnung 19: Bogenkante Kissen

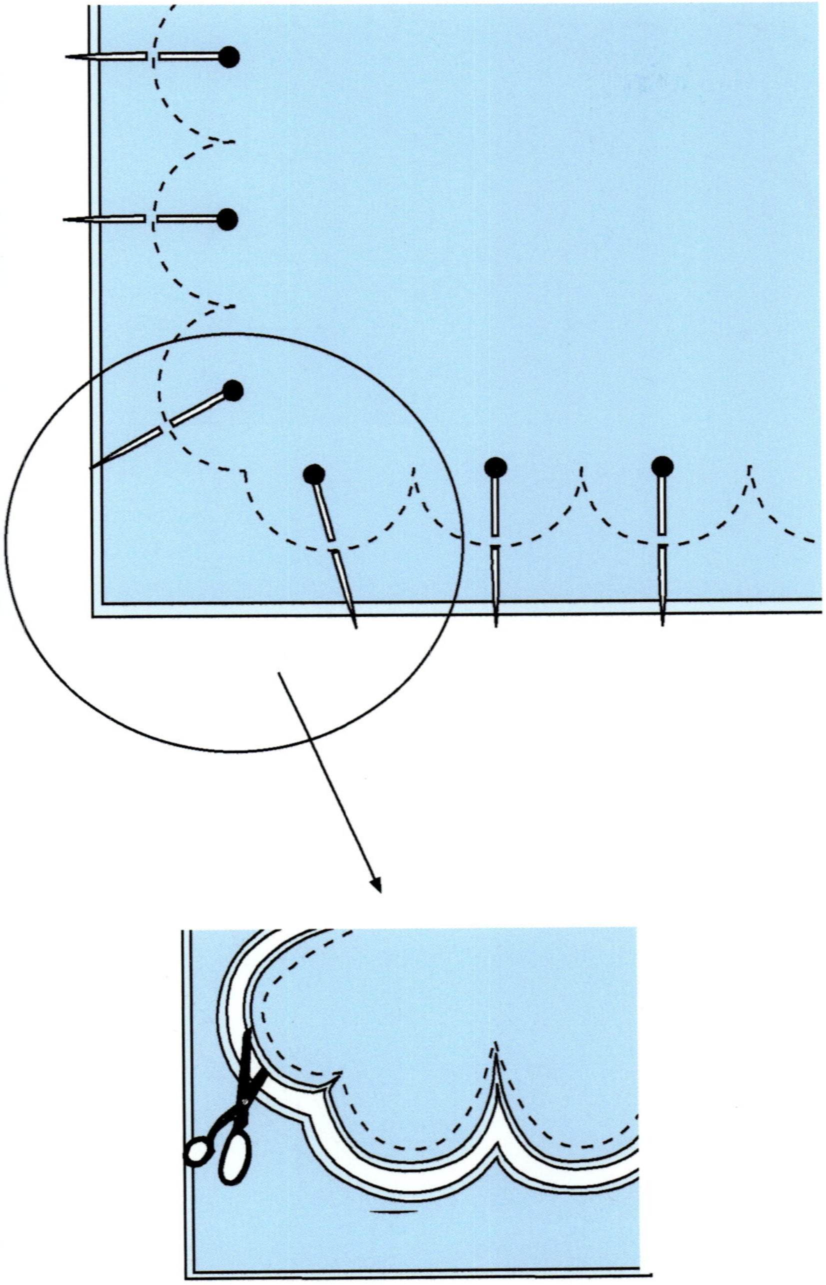

Zeichnung 20: Rollo

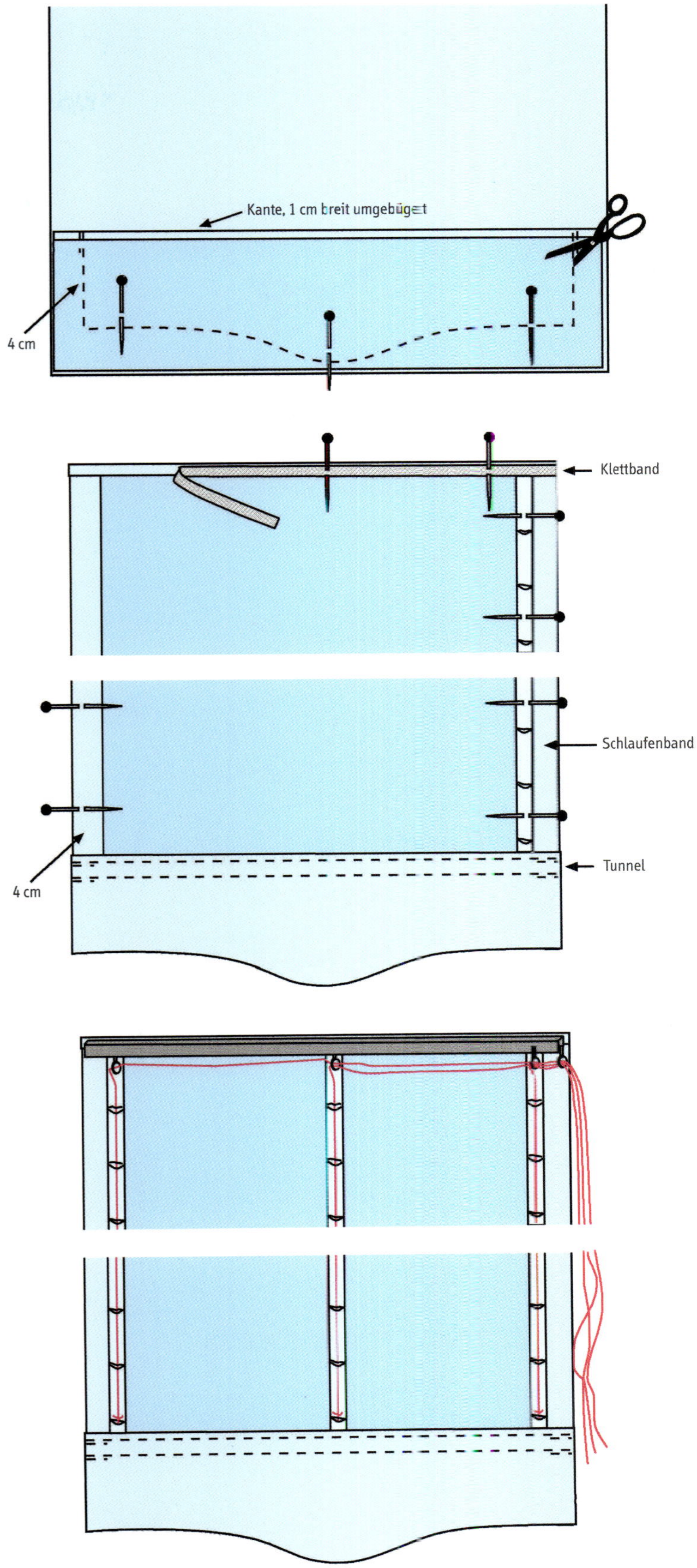

Zeichnung 21: Waschmittelkartons

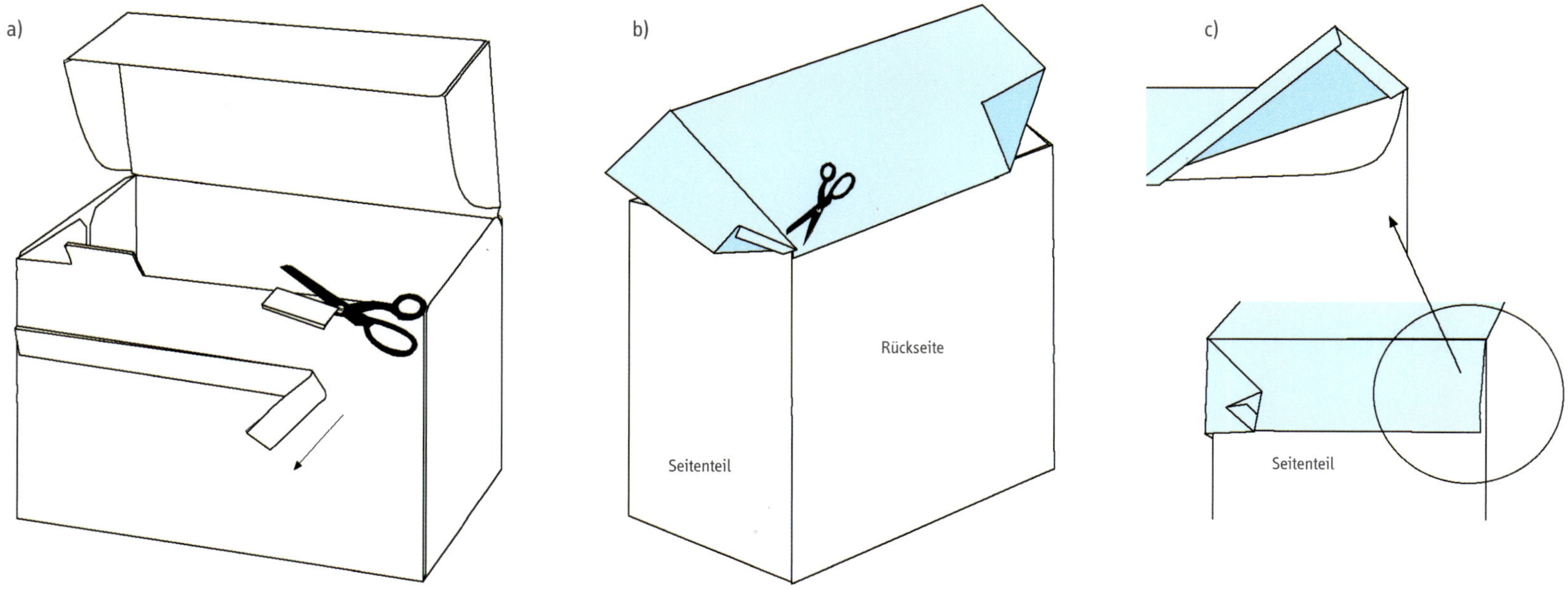

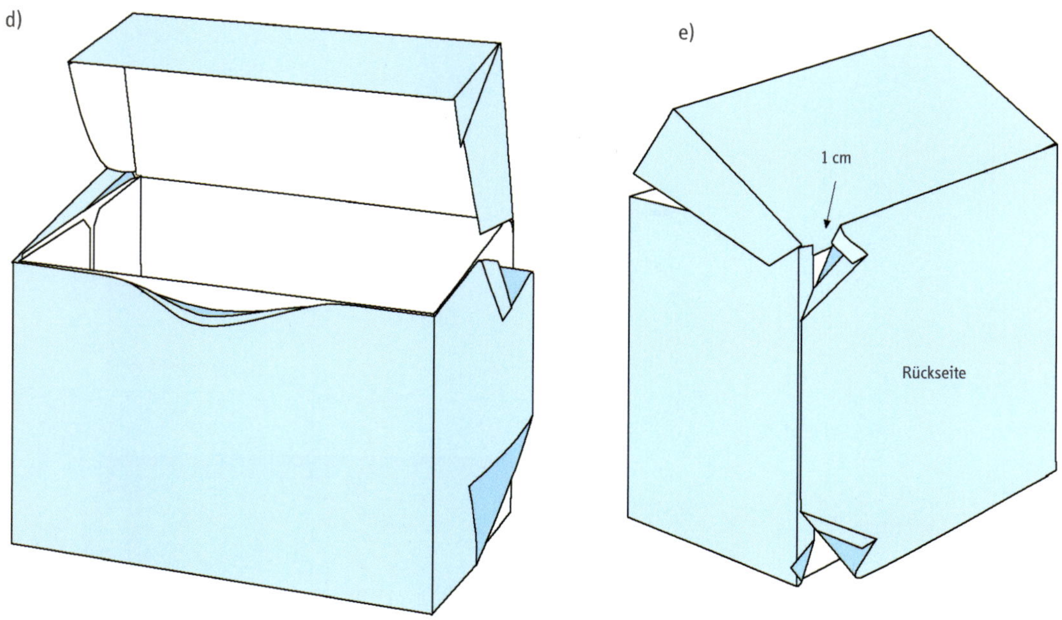

Zeichnung 22: Blende/Kissen

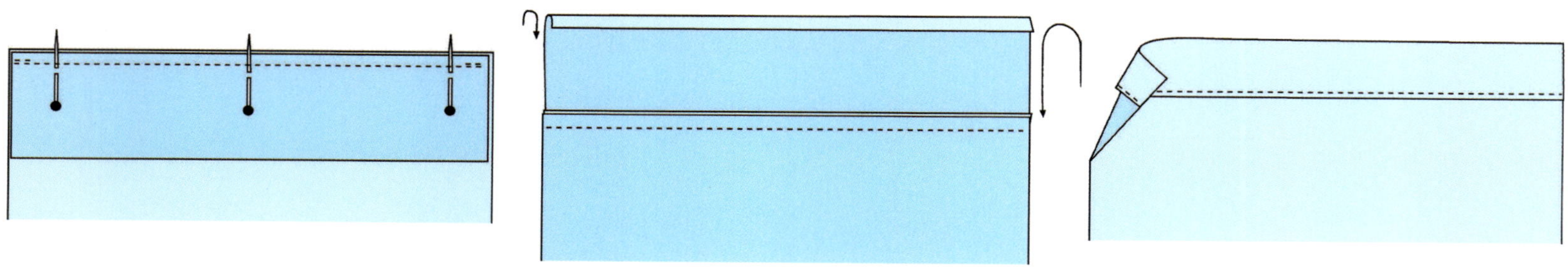

Zeichnung 23: Beleg/Wäscheständer

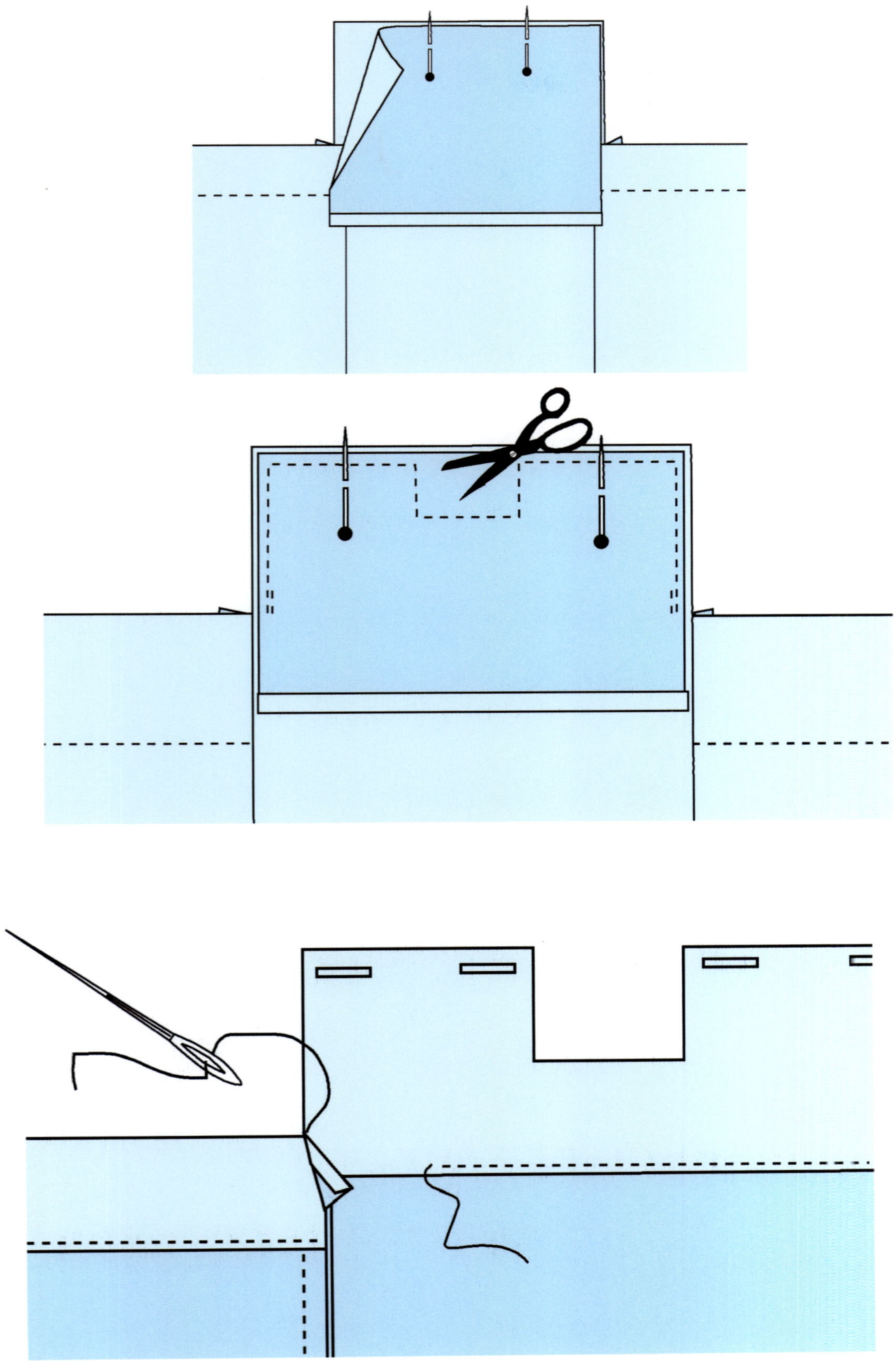

Zeichnung 27: Winpelgirlande

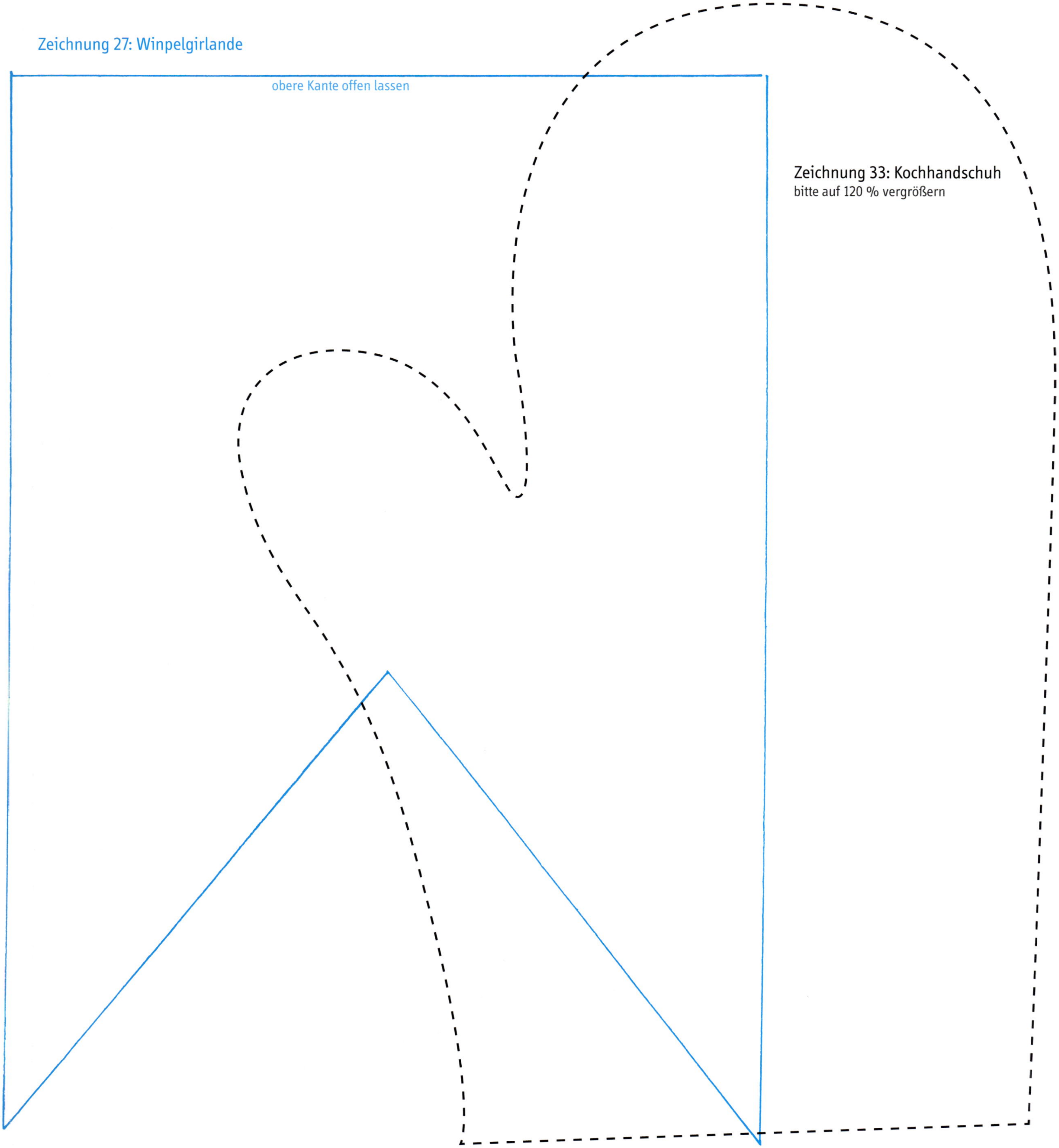

Zeichnung 33: Kochhandschuh
bitte auf 120 % vergrößern

Zeichnung 26: Applikationen für den Beutel

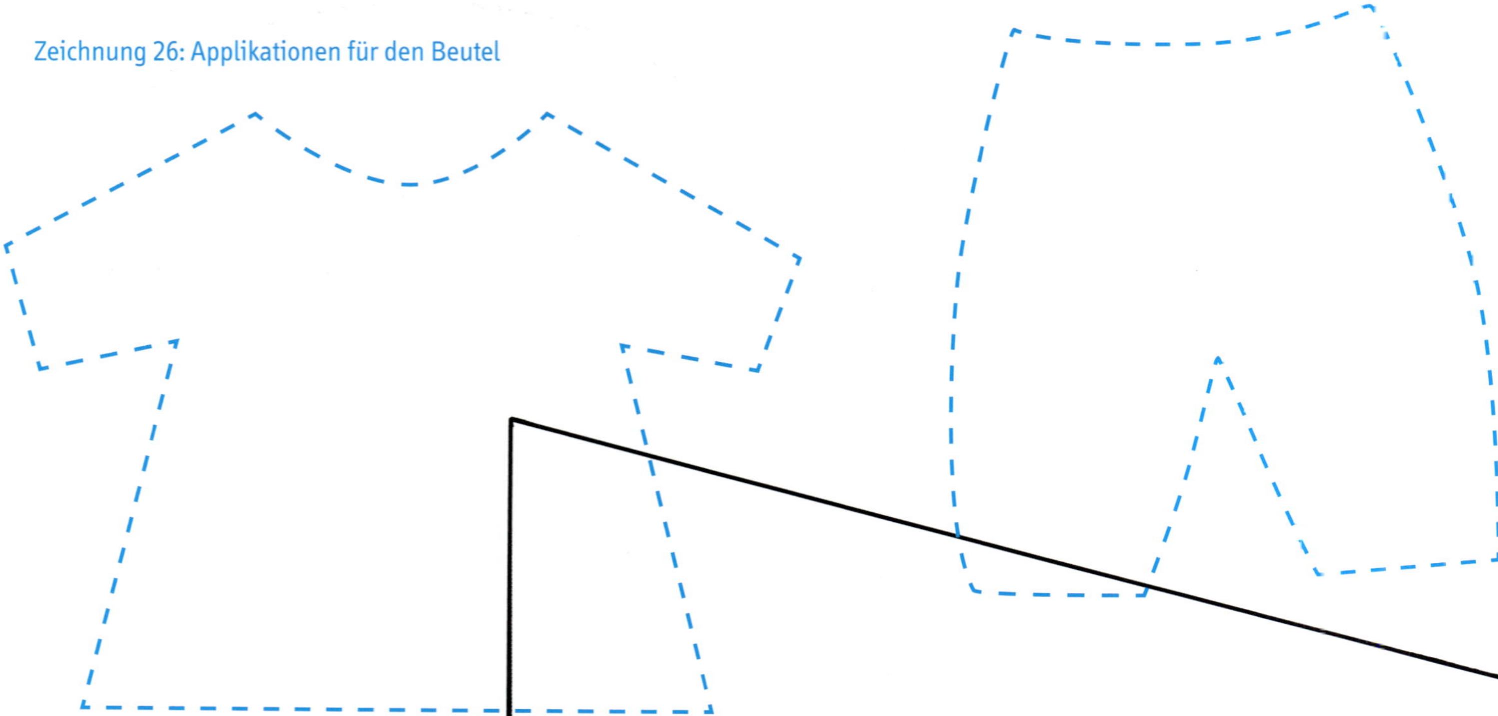

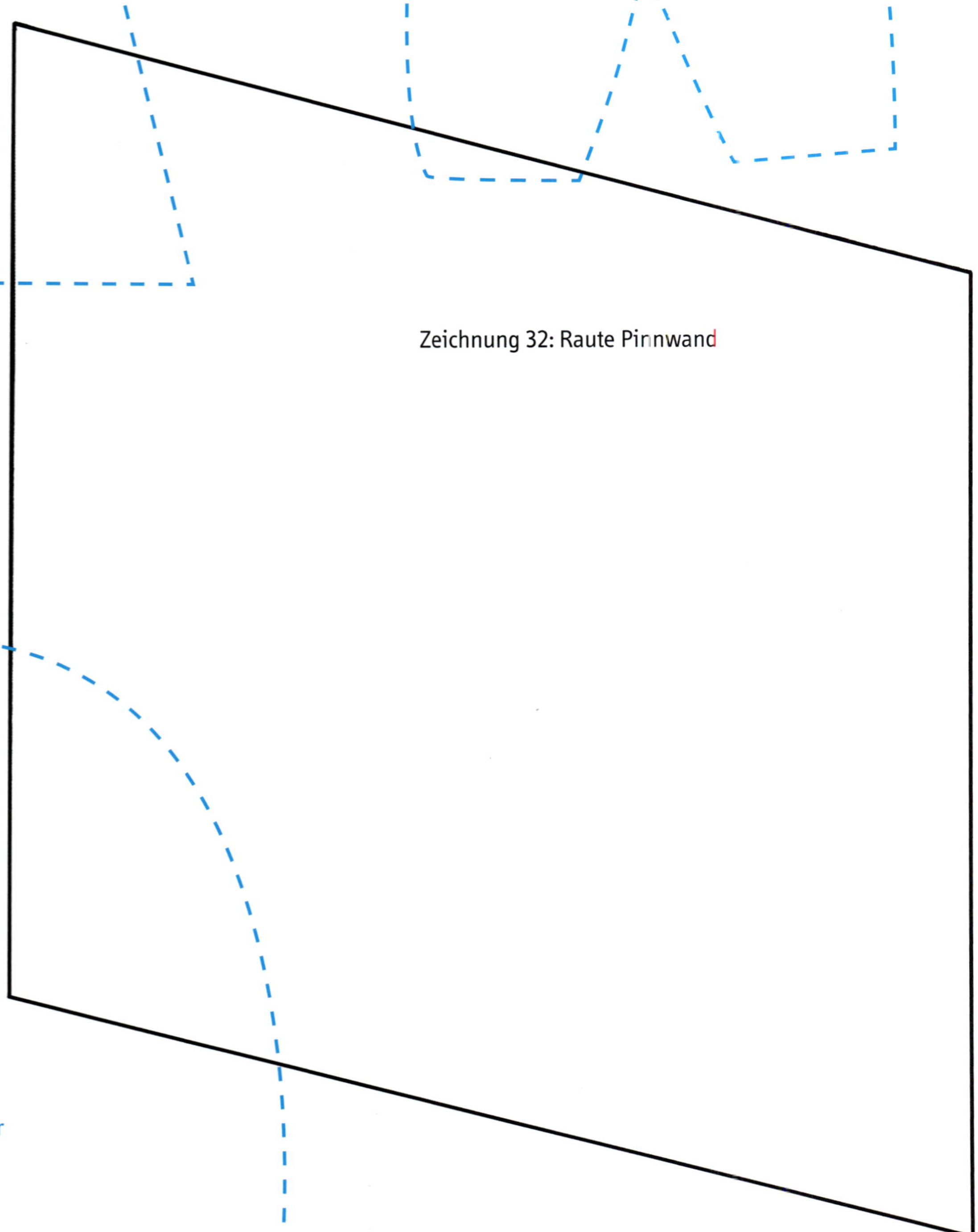

Zeichnung 32: Raute Pinnwand

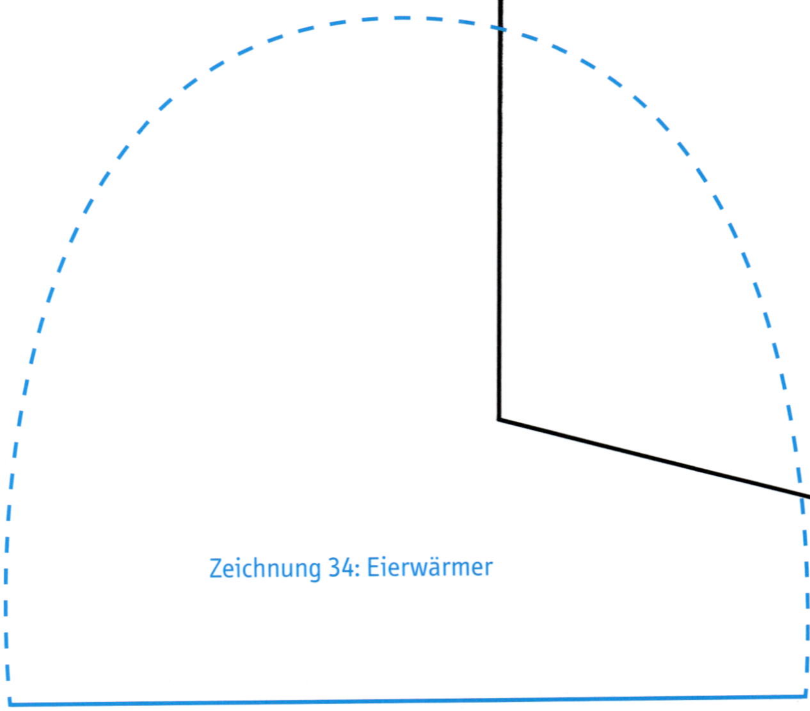

Zeichnung 34: Eierwärmer

1/2 Bogen
Zeichnung 30: Bogenkante Kissen
Zeichnung 31: Bogenkante-Ecke Kissen

Zeichnung 29:
Bogenkante Rollo Gäste- und Arbeitszimmer

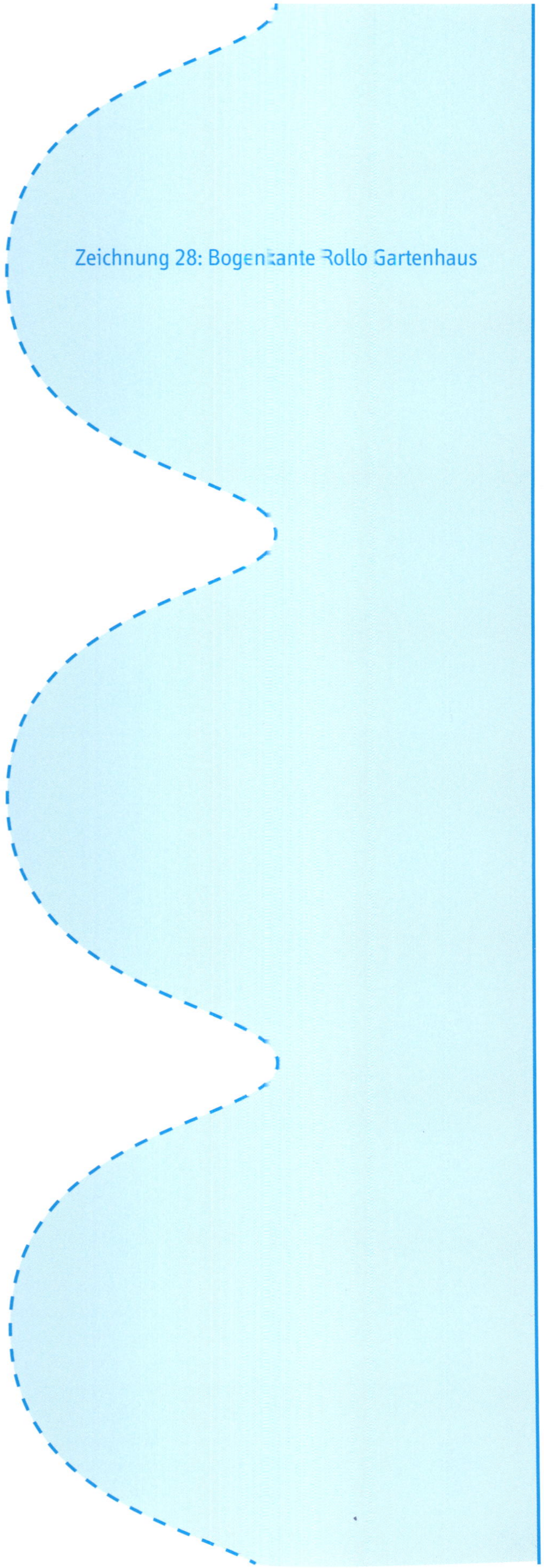

Zeichnung 28: Bogenkante Rollo Gartenhaus

Zeichnung 24: Zuschnitt Schürze

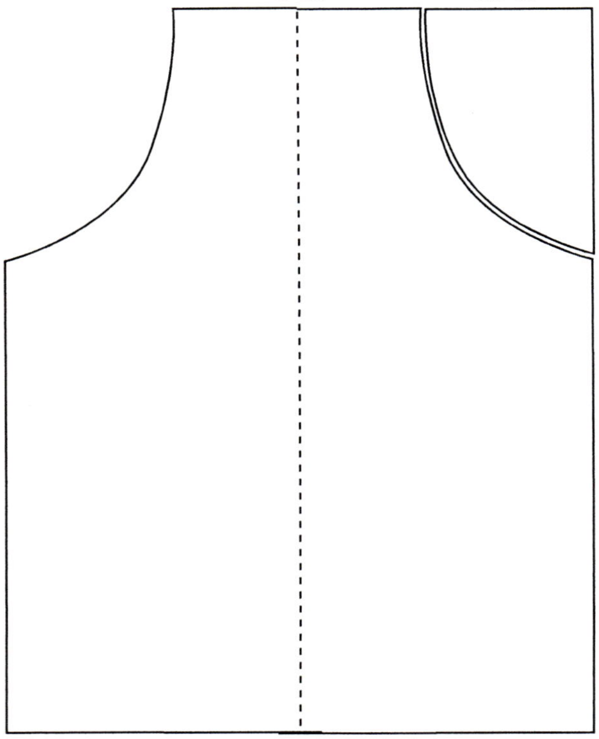

Zeichnung 25: Wäscheständer

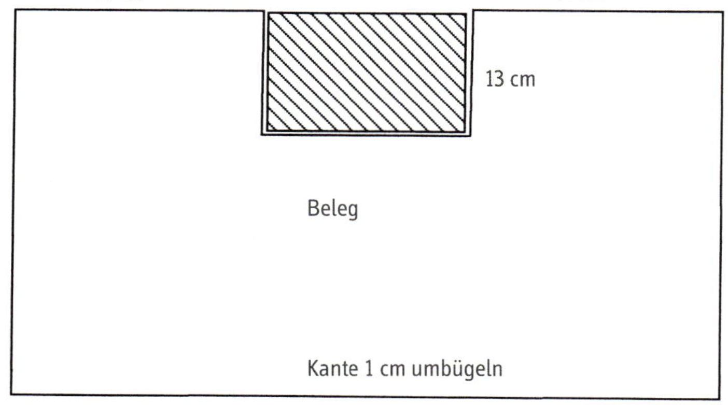

Vita

Frau Ruth Laing (Jahrgang 1966) ist verheiratet und hat drei Kinder. Nach ihrem Abitur absolvierte sie zuerst eine Schneiderlehre, bevor sie Maschenkonfektionstechnik sowie Bekleidungstechnik studierte. Danach arbeitete sie als technische Redakteurin bei einem bekannten Modeverlag, bevor sie freiberufliche Autorin für diverse Zeitschriften- und Buchverlage wurde.

Danksagung

Mein Dank gilt meinen beiden Töchtern für die „konstruktive Kritik", die immer wieder zu neuen Denkanstößen und somit zu stets neuen kreativen Ideen führte, meinem Mann und meinem Sohn, den „beiden Männern fürs Grobe", die mir mit ihrer Bohrmaschine immer zur Seite standen, dem Fotografen Herrn Eugen Sommer für seine Geduld und der kreativen Umsetzung meiner Wünsche, den Familien Hohl, Czaja und Muth dafür, dass ich ihre Haushalte „auf den Kopf" stellen durfte, sowie allen Mitarbeitern des frechverlags für die nette und kompetente Zusammenarbeit. Insbesondere bedanke ich mich bei Frau Irmer-Romeo (frechverlag) und Frau Krämer. Mein ganz besonderer Dank gilt außerdem der Firma „My Potpourri" für die freundlichen Leihgaben.

Hilfestellung zu allen Fragen, die Materialien und Kreativbücher betreffen: Frau Erika Noll berät Sie. Rufen Sie an: 05052/911858*

*normale Telefongebühren

Impressum

Genehmigte Lizenzausgabe für Verlagsgruppe Weltbild GmbH, Steinerne Furt, 86167 Augsburg

Lektorat: Kim Marie Krämer, Leinfelden-Echterdingen
Layout: Karoline Steidinger
Fotos: Fotostudio Eugen Sommer
Entwürfe, Styling, Zeichnungen: Ruth Laing
Umschlaggestaltung: Atelier Lehmacher, Friedberg (Bay.)
Gesamtherstellung: Firmengruppe APPL, aprinta druck, Wemding
Printed in the EU

ISBN 978-3-8289-2717-9

2016 2015 2014 2013
Die letzte Jahreszahl gibt die aktuelle Lizenzausgabe an.